U0004732

AMAZING
SPOT

新 日本超美
絕景與祕境

150 處最令人驚奇、最具心靈療癒能量的
日本絕景與祕境，現在就想立刻出發！

新 日本の絶景 & 秘境 150

朝日新聞出版 編著

王韻絜 譯

晨星出版

從甲武信岳眺望富士山

埼玉縣／秩父市　山梨縣／山梨市　長野縣／川上村

甲武信岳為聳立在 3 縣縣境內、海拔 2475 公尺的山。
以富士山為首的山巒風景可以從山頂一覽無遺。

濃藍色

在被稱為日本最古老印染工
藝的藍染顏色中，最深最暗
之藍色。

琉璃色

略帶紫色的藍色。因與佛教
的七寶之一──琉璃寶石的
顏色相似而得名，具神祕感
的顏色。

鴨跖草色

水靈感的深藍色，也是染料
「露草」的古名。

月白色

接近白色的淺藍色，因讓人
聯想到月光而得名。「月白」
也是俳句用來表達特定季節
的季語之一。

五彩繽紛的風景

日本限定的色彩絕景

新井的梯田
京都府／伊根町
在眺望新井海岬（新井崎）的斜坡上，
春天時，水田映照著青空，秋天則展開
一片金黃稻穗和藍色大海的美麗景觀。

淡黃蘗色

明亮的淡黃色，也被稱為刈
安色。另也有稍微深一點的
黃蘗色。

鬱金色

用薑黃染的鮮豔金黃色，自
古以來就因象徵吉兆而廣受
歡迎。

櫨染色

以漆樹科的野漆樹做為染料
的顏色，稍帶有紅色的深黃
色。

志賀高原
長野縣　山之內町
位於上信越高原國立公園中央的高原。
日本花楸及白樺樹會於 10 月左右轉黃。

4

大草山昇龍枝垂梅園
静岡縣／濱松市
共計 10 種以上，約 350 株枝垂梅宛如垂瀑般地大綻放。開園時間為 2 月中旬～3 月中旬之間。

淺櫻色
表現櫻花花色的顏色之一。無限接近白色的淡紅色，也稱為淺花櫻色。

紅梅色
極似紅梅的花色而得名，有濃紅梅、淡紅梅等種類。

天空的罌粟花田
埼玉縣／皆野町、東秩父村
5 月下旬～6 月上旬，約 1500 萬株罌粟花點綴著埼玉縣秩父高原牧場，此時還會舉辦罌粟花祭。

牡丹色
紅色中稍微混合了藍色的牡丹花色。從平安時代即有的傳統色，也是表示初夏的季語之一。

緋紅色
源於火焰顏色的鮮豔紅色。從飛鳥時代即有的傳統色，是僅次於紫色的高貴顏色。

高山稻荷神社
青森縣／津輕市
從龍神宮一路築到神明社的千本鳥居，就像是一條蜿蜒升天的龍，一年四季都很美。

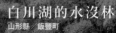

白川湖的水沒林

山形縣／飯豐町

白川水壩的蓄水池，於4月中旬～5月中旬因融化的雪水流入，便可見樹林被水淹沒的美麗光景。

蟲襖色

源於吉丁蟲的翅膀顏色，如同寶石一樣帶有暗藍色的綠色，也稱為夏蟲色。

千歲綠色

如松葉般的深綠色。松樹這種常綠樹是長生不老的象徵，因而被稱為千歲松。

若草色

被比喻為春天嫩芽顏色的鮮豔黃綠色，是平安時代即有的傳統顏色之一。

山原學習之森

沖繩縣／國頭村等區

沖繩本島北部的山原國立公園裡的廣闊亞熱帶常綠闊葉林帶，已登錄為世界遺產。

橋杭岩
和歌山縣／串本町

為日本的歷史名勝天然紀念物，約有 40 塊岩柱排列出長約 850 公尺的景觀。夜晚點燈照明，好似置身神祕幻境。

紫紺色

帶有紫色的深藍色。一種顯著高貴的顏色，以紫草的根染出顏色為其名稱由來。

漆黑色

不只是黑色，而是有鮮豔感的黑，將黝黑的黑暗以「漆黑之黑」來表現。

濡羽色

常用「如同烏鴉淋濕的羽毛一樣的髮色」來形容，彷彿是烏鴉羽毛般地具備光澤之黑色。

新 日本超美絕景與祕境
目次 | CONTENTS

【本書使用說明】

本書為截至 2022 年 2 月為止的資料。
雖然介紹給大家的基本上均為開放大眾前往參觀的景點，但是本書刊登之照片主要是為攝影當下的意象傳達。目前由於新冠病毒感染對策的影響而有營業、活動中止或時間變更的情況，欲前往時請確認最新資訊。另外，由於修復、重建、自然災害等因素，也會暫停開放參觀。
最後，若有因參考本書刊登內容前往而造成的任何損失，本社概不承擔任何責任，敬請諒解。
編按：本書共介紹 140 個景點，副標題以 150 個景點命名，主要是為了加強讀者印象並方便大家記憶，因此取一整數，敬請讀者們理解包涵。

從不同主題來欣賞話題絕景

北海道

絕景巡禮！
北海道推薦行程
[**3** 天 **2** 夜]

👀 能看到大片廣闊花田的北海道最合適遊玩的季節是初夏到盛夏！

北海道區域 積丹 小樽 TOMAMU 富良野 美瑛 旭川 北龍 蘆別 札幌

從積丹半島到Tomamu渡假村、
再到富良野的花田，
一趟就能稱霸北海道絕景！

要於占地遼闊的北海道各點之間移動十分耗時，玩幾天都不滿足。建議預先做好行程功課，隨機應變地行動，兜風途中也很有機會遇見意料之外的絕景喔！

第 **1** 天
▶目標前往能一望積丹藍的海岬

札幌
🚗 約2小時

1 神威岬 　自然景觀

P.38

位於積丹半島頂端的海角。總長 770 公尺的徒步區已整備完成，提供遊客往返海角最尖端。這裡可以眺望被稱為「積丹藍」的美麗大海以及聳立在海上的神威岩。

🚗 約20分鐘

2 島武意海岸 　自然景觀

由來時路往回走，從停車場穿過小隧道，眼前出現的是被選為「日本海岸百選」的豔藍之景。

🚗 約1小時20分鐘

3 小樽運河 　歷史絕景

在小樽建議利用手機 APP 尋找停車場。漫漫行於徒步道上、邊眺望著歷史悠久的小樽地標——小樽運河，也可以乘船遊覽喔。

P.151

🚗 約2小時30分鐘

住宿於星野Tomamu渡假村

第 **2** 天
▶飽覽雲海、花田、青池等景點

4 雲海露臺 　建議停留時間 **2** 小時　雲海絕景

P.14

此景點為「星野 Tomamu 渡假村」內的設施，只要搭乘雲海纜車就能前往海拔 1088 公尺的山頂站。雲海露臺設置許多向空中延伸的平台，而沿著山路也散布著許多展望點。

🚗 約1小時30分鐘

5 富田農場 花田 絕景

P.18

7月中旬～下旬的薰衣草季節因遊人如織而顯得擁擠，因此推薦提前拜訪。農場內共有10個花圃，建議搭配自己的時間行程參觀。

🚗 約15分鐘

6 日之出公園 花田 絕景

公園內的小山丘上有展望臺，可以眺望一整片薰衣草田。還有「愛之鐘」紀念碑和可愛的紅色屋頂小屋。

🚗 約15分鐘

7 美瑛之丘 山丘 絕景

P.32

從富良野往美瑛方向行駛，右側有新榮之丘及三愛之丘的「景觀之路」（パノラマロード），左側有「拼布之路」（パッチワークの路），可以眺望山丘風景。

🚗 約25分鐘

8 白金青池 　**建議停留時間 30 分鐘** 湖池 絕景

從美瑛市區往十勝岳、白金溫泉方向。沿著白樺林蔭道行駛會看到停車場。池塘周圍設有遊池步道，可以一邊眺望青池、一邊漫步。

🚗 約5分鐘

9 白鬚之瀧 瀑布 絕景

往白金溫泉的藍河橋前進，從橋上可以遙望自懸崖頂端傾瀉而下的瀑布以及作為青池源流的藍色河川。

P.22

🚗 約1小時

在旭川過夜

第**3**天
▶無邊無際的黃色絨毯

旭川

🚗 約1小時10分鐘

10 北龍町向日葵之里 花田 絕景

建議一早就從旭川市內出發前往北龍町，因為向日葵花田於午前時分會更漂亮，盡情享受在日本最大的向日葵花田散步的樂趣吧！

P.42

🚗 約1小時20分鐘

11 上野農場 花田 絕景

位於旭川田園風景中，以培育宿根草花為主題的花園，另也有盛開著豐富種類花朵的花園以及射的山展望點。

P.36

🚗 約1小時20分鐘

12 加拿大世界公園 主題 公園

能體驗「紅髮安妮」世界的舊主題公園重新開幕。安妮的家、教會、學校等建築物散落於公園中，開園時間為4月下旬～10月下旬。

P.24

🚗 約2小時40分鐘

札幌

能俯瞰絕景的
雲海露臺

星野Tomamu渡假村

● 星野リゾート　トマム

照片中為雲海雲臺內的 6 個觀景點之一「雲上酒吧」(Cloud Bar)。

TRAVEL PLAN

001

夏天的雲海露臺
與冬天的冰屋村莊

冬季時能滑雪的 Tomamu 渡假村，以往只有在夏天保養纜車的工作人員能一睹雲海的美麗壯觀。為了讓更多人欣賞這個絕景，雲海露臺於 2006 年誕生了。欣賞著眼前被清晨空氣包圍著的廣闊雲海，徜徉於如同乘坐在雲朵上的風景。2021 年，雲海露臺的主臺座進行整修更新，站在往空中延伸的平台上，雲海就在伸手可及的距離，周圍共設置有 6 個造型獨特的展望點。Tomamu 渡假村在冬天也充滿魅力，嚴冬期的雲海露臺變身為霧冰露臺，渡假村內會造起冰屋。在如夢似幻的透明冰世界裡可以進行各式各樣的體驗。

MAP

1 冰屋村莊中有冰之飯店及冰之教堂，還能享受溜冰場和空中飛索等設施。
2 乘坐雲海纜車到雲海露臺約需 13 分鐘。據說能看到雲海的機率是 40% 左右。重新開放的展望平台是高 12 公尺的 3 層樓建築，並設有「雲咖啡」提供以雲海為發想的造型甜點和飲料。 3 冰屋村莊裡的冰之酒吧可以用冰製杯子乾杯喔。

🌾 **最佳季節**　**6～10月、2月**

雲海露臺的營業時間為 5 月中旬～ 10 月中旬，霧冰露臺為 12 月～ 3 月底，冰屋村莊為 12 月中旬～ 3 月中旬，建議事先於官網確認。

🔍 **旅行小要點**

雲海露台的營業時間基本上為清晨 5 ～ 7 點（依據時期而異），所以推薦前一天住宿星野渡假村。餐廳販售的餐點很豐富，園區內也設有農場和室內泳池。

002
富田農場
● ファーム富田

象徵北海道的
彩虹花田

北海道／中富良野町

薰衣草、粉色的高雪輪、
白色的滿天星……等七彩綻
放的「彩色花田」。

① 在被群山包圍的斜坡上延展開來的「森林彩色花田」。站在田地上,主要的「彩田」和十勝岳連峰可以盡收眼底。觀賞期是 7 月中旬〜下旬,之後薰衣草會被收割並製造成乾燥花。② 「山之彩色花田」裡盛開著白色和粉色的罌粟花。最佳觀賞期是 7 月中旬〜下旬。③ 位於富田農場最高處的白樺自然林,約有 200 棵左右的野生株。

TRAVEL PLAN

002

妝點富良野大地 薰衣草與繽紛五彩的花兒

1937 年從法國引進的薰衣草種子在氣候相似的北海道紮根,中富良野於 1952 年正式開始栽種。富田農場則於 1958 年於現今的「傳統薰衣草區」開始栽培。1976 年國鐵的年曆上介紹了美麗的薰衣草田,因而吸引許多遊客到訪。現今在廣闊的斜坡上,除了薰衣草田之外,尚有 10 個花圃,是北海道具代表性的觀光景點。其中,成帶狀栽植的花所交織而成、如彩虹般的「彩色花田」是富田農場最具標誌性的風景,農場內也設有提供薰衣草甜點的咖啡館和商店。

MAP

🌾 最佳季節   7月

薰衣草田和彩虹花田的最佳觀賞期是 7 月中旬〜下旬。也有「春之彩田」和「秋之彩田」,可以在 5 月中旬〜 10 月中旬賞花。

🔍 旅行小要點

離富田農場約 4 公里的地方,還有一個稱為「薰衣草東園」的花圃,在栽培香料用薰衣草的農田中,是日本面積最大的一座。只在 7 月的開花期開放,也可以乘坐專車於園內遊覽。

003

白鬚之瀧

白ひげの滝

北海道／美瑛町

沿著岩表傾瀉
落差30公尺的無川之瀑

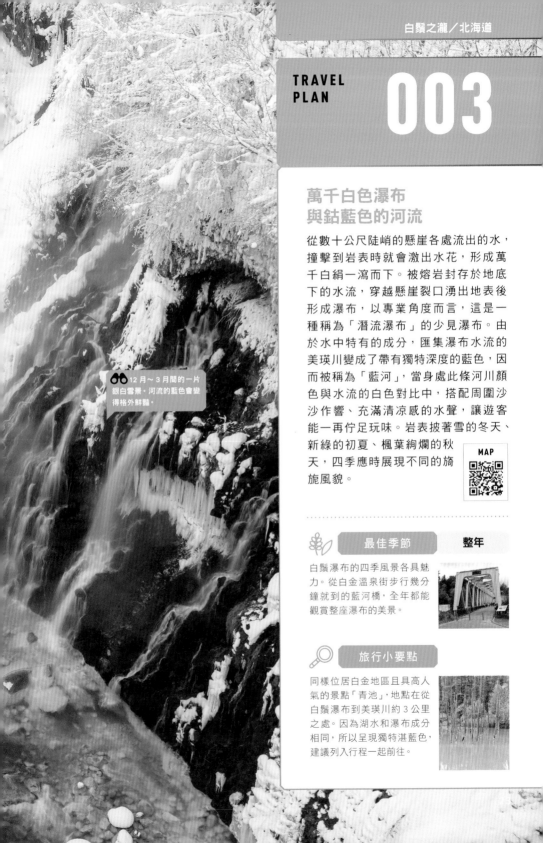

TRAVEL PLAN

003

萬千白色瀑布與鈷藍色的河流

從數十公尺陡峭的懸崖各處流出的水，撞擊到岩表時就會激出水花，形成萬千白絹一瀉而下。被熔岩封存於地底下的水流，穿越懸崖裂口湧出地表後形成瀑布，以專業角度而言，這是一種稱為「潛流瀑布」的少見瀑布。由於水中特有的成分，匯集瀑布水流的美瑛川變成了帶有獨特深度的藍色，因而被稱為「藍河」，當身處此條河川顏色與水流的白色對比中，搭配周圍沙沙作響、充滿清涼感的水聲，讓遊客能一再佇足玩味。岩表披著雪的冬天、新綠的初夏、楓葉絢爛的秋天，四季應時展現不同的旖旎風貌。

MAP

 12 月～3 月間的一片銀白雪景。河流的藍色會變得格外鮮豔。

最佳季節 — 整年

白鬚瀑布的四季風景各具魅力。從白金溫泉街步行幾分鐘就到的藍河橋，全年都能觀賞整座瀑布的美景。

旅行小要點

同樣位居白金地區且具高人氣的景點「青池」，地點在從白鬚瀑布到美瑛川約 3 公里之處。因為湖水和瀑布成分相同，所以呈現獨特湛藍色，建議列入行程一起前往。

004
加拿大世界公園
● カナディアンワールド

重現「紅髮安妮」世界
的主題公園

北海道／蘆別市

春天會有盛開的瑪格麗特，秋天的楓葉很美，園內可以自駕汽車移動。

1 依照加拿大實地景觀設計的街道。此區曾經進行露天煤炭開採。 2 以 2020 年 6 月重新開放為契機進行修復的建築群。輕食店家也開始營業了。 3 建築物群中具代表性的是「綠色屋頂之家」（安妮的家），忠實地再現了小說中的世界。

TRAVEL PLAN

004

也有「紅髮安妮的住家」
園內設施開始改造並啟用

從蘆別市的市中心進入深山近 10 公里的地方，眼前突然冒出的是仿造異國的建築及街道，這是 1990 年 7 月以《紅髮安妮》故事為藍本所開業的主題公園。此公園誕生的背景源於此區從戰前到 1960 年代曾是產煤興盛地區，該產業急速衰退後，改以觀光產業為主力推動地區的再生活絡。然而由於經營不善，於 1997 年閉園，而後作為市立公園免費開放，接著，由舊租戶經營者等有志之士聚集的振興會規劃自主運營並於 2020 年重新開放，佇立此地 30 年之久的建築物經過整修，今後的發展令人期待。

MAP

 最佳季節 4～10月

加拿大世界公園的開園時間是 4 月下旬～ 10 月下旬。除了「綠色屋頂之家」以外，不同設施的營業日和營業時間也各異。

旅行小要點

不受人工光線影響的蘆別市，夜間的星空之美是其推廣亮點。靠近加拿大世界公園有「蘆別溫泉星光飯店＆蘆別溫泉浴池 café 星遊館」，可以當日往返並享受泡溫泉的樂趣。

綺麗色彩妝點湖岸
稀有植物的緋紅色

005

能取湖珊瑚草

● 能取湖のサンゴ草

北海道／網走市

TRAVEL PLAN

005

👀 珊瑚草生長在湖泊的淺灘上。鮮紅色和藍色水面的對比最為引人入勝。

為國內最大的群生棲息地
於卯原內的木道上巡遊漫步

離網走市街很近的能取湖，其北端是面向鄂霍次克海的內陸海湖。雖說從湖口到東側的雄偉海岸風景已經很有看點，但在湖的南岸有蔓延生長的秋天限定美景——珊瑚草的群落。在國內最大的群生棲息地「卯原內地區」，珊瑚草的紅色填滿湖岸約 4 萬平方公尺的範圍。標準和名稱其為「厚岸草」的植物，到了秋天，其深綠色的莖和樹枝就會變成紅色。沒有葉子且又粗又短的樹枝形狀也好、鮮豔的顏色也好，被稱作珊瑚草給人一種奇妙感受。從湖邊走在群生地設置的木道上，可以欣賞到一片廣闊的豔紅絕景。

MAP

🌾 最佳季節　**9月中～下旬**

珊瑚草是生活在鹽水濕地的莧科一年生草種。從每年 8 月末開始轉紅，觀賞期從 9 月中旬到下旬，約持續 2 周左右。

🔍 旅行小要點

在能取湖之湖畔，南岸的卯原內地區以作為最大的珊瑚草群生棲息地而聞名，除此之外，能取、美岬、平和各地區也有群落生長，而在佐呂間湖畔（サロマ湖）的鶴沼、Wakka 原生花園、Kimuaneppu 岬（キムアネップ，愛奴語）也能見到。

006

知床
● しれとこ

野生動物自由闊步的
世界自然遺產

北海道／斜里町、羅臼町

到達知床五湖入口處、長 800 公尺的高架木棧道，無障礙設施也十分周全。

知床半島的西側覆蓋著鄂霍次克湖的流冰，根據不同的風向吹拂，甚至可以於一夜之間完全消融。

TRAVEL PLAN

006

流冰漫步或搭乘周遊觀光船飽覽知床的自然風光

2005 年被列入世界自然遺產後,「知床」的知名度與人氣急劇上昇。為了應對大量增加的遊客,設施的整備也持續在進行,沿著高架木棧道就可以安全地走到主要景點知床五湖的「一湖」。知床擁有未經開發的野生自然景觀,反過來說,這也是棕熊等野生動物們的住所,人類能深入的區域非常有限。除了知床五湖之外,橫跨知床半島的知床橫斷道路上的知床峠也是可以接觸大自然的一大名勝。從宇登呂(ウトロ,Utoro)出發的觀光船能讓我們從海上望見險峻的懸崖風景,從羅臼出發的自然觀光船則能盡情觀賞海豚和鯨魚。

MAP

最佳季節　　　5～10月

一般來說,初夏到秋天是適合旅行的時期,知床五湖於此時開園,從宇登呂出發的郵輪也在此期間航行,羅臼的自然觀光船則是冬季也會開航。

旅行小要點

知床五湖和知床岬觀光船的據點是宇登呂;賞鯨魚和沙丁魚的觀光船據點則是羅臼。兩者都是溫泉勝地,宇登呂當地有很多以溫泉為傲的旅館。宇登呂和羅臼透過知床橫斷道路(冬季封閉)連接。

1 2月上旬～3月下旬可以看到流冰。流冰觀光行程的據點是宇登呂。 2 搭乘從宇登呂出發的觀光船可以親眼目睹在河岸上捕捉鮭魚的棕熊。 3 遇見梅花鹿的機率很高,但任何野生動物都嚴禁餵食。 4 搭乘羅臼出發的自然觀光船,從春季至夏季能看到虎鯨的機率很大。

007

在連綿起伏的大地上
小麥搖曳的田園風光

美瑛之丘

● 美瑛の丘

北海道／美瑛町

開展於十勝岳的山麓上且
如同拼布工藝般的廣闊田園風
景，就好像到了異國一樣。

TRAVEL
PLAN

007

誕生於遠古火山活動
獨特的波狀丘陵

即使在被稱為農業王國、隨處可見廣闊田園風景的北海道，美瑛的景致也是其中很與眾不同的地區，形成這片土地特有景觀的是緩慢起伏的獨特地形。時至今日，包括噴煙的十勝岳在內的火山群仍然十分活躍，多年來因泥流和火山灰堆積、侵蝕而成的地形稱為波狀丘陵。農作物發芽的春天、綠油油的夏天、金燦燦的秋天、還有廣闊田園幻化成雪原的冬天，山丘上的四季風光持續更替新裝。隔著美瑛站，北邊被稱為「拼布之路」，南邊被稱為「全景之路」，從展望臺可以瞭望絕美風景。

MAP

 秋播小麥很快地在初夏就閃耀著金黃色，與發芽的新綠形成了鮮麗對比。
 被白雪包圍的山丘風景也美極了，夜晚更有滿天星光閃耀。 3 田地裡到處都是高聳直立的防風林，冬天呈現一整片白樺樹披拔著霧冰的隆冬景象。

🌾 最佳季節　　5～10月

從田裡的作物開始生長的初夏開始，一直到秋天的氣候都很舒適，十分適合旅行。冬天的銀世界魅力更是無窮，但若欲對抗內陸地區的寒冷嚴峻，務必徹底做好防寒措施。

🔍 旅行小要點

環遊美瑛的丘陵地帶，除了駕車之外，也能租用自行車探訪。近年來，因遊客擅闖農地的情況日趨嚴重，請務必注意不要違反當地規定。

008

四季如畫的
園藝聖地

上野農場

● 上野ファーム

北海道／旭川市

🔭 位居花園中心且池塘周圍點綴著花和自然樹木的超美「地精花園」（The Gnome's Garden）。

¹ 池塘中有可愛建築物的「地精花園」，口耳相傳著花園小地精會於半夜現身庭園工作的故事，仔細找的話可能會遇見喔！ ² 曾經是屯田兵射擊訓練場的射的山，山頂設置著排列著彩虹色椅子。 ³「白樺小徑」於春天時，樹木下方會有鬱金香盛開。

以宿根草為中心的北海道花園

在海拔不高的「射的山」山上蔓延生長，是以宿根草為中心、綻放著 2000 多種鮮花的花園。盛開期的顏色、形狀、高度等的平衡都經過深思熟慮而設計的 10 個主題花園，無論什麼時期拜訪、怎麼拍都美得如詩如畫。上野農場所在的旭川以稻米產地聞名，農場本身也是稻米農家。園主上野砂由紀曾在英國留學時學習園藝技術，花費了 20 多年時間才建成了今日所見的花園。左右對稱的鏡型帶狀花壇（Mirror border）、圓形花壇（Circle border）等以小徑連接，當來到射的山山頂，上川盆地就會在眼前展開一片無邊無垠的人間絕景。

MAP

 最佳季節 5～9月

開園時間為 4 月下旬～10 月中旬。因為春、夏、秋天會有不同種類的花綻放，因此無論何時前往都能玩得很開心，而盛開著五顏六色的玫瑰，最佳賞花期則在 7 月。

🔍 **旅行小要點**

在園內的「NAYA café」中，販售著顏色繽紛的炸洋芋片以及使用旭川伊勢農場牛奶製作的霜淇淋，很受歡迎。從人氣景點旭川市的旭山動物園開車 10 分鐘左右便可抵達。

009

神威岬

● かむいみさき

北海道／積丹町

從海角的頂端眺望
日本海的壯觀全景

一邊遙望閃耀著積丹藍的大海、一邊漫步前往海角的最尖端。

TRAVEL PLAN

009

到處都是奇岩、懸崖相連的積丹半島，神威岬是其中具代表性的景觀。

初夏花兒點綴
沿著稜線一路前往海角天涯

積丹半島一向給人祕境印象，半島上到處都是懸崖和奇岩，自古以來也是陸上交通不易通行的關口，然而，如此險峻的地形對旅行者來說更是其引人入勝的魅力所在。在沿海眾多的風景名勝中，像是一道白眉般的是半島尖端的「神威岬」，沿著山脊上的步道就能往日本海細長突出的海角前進。從停車場出發，能邊望兩側大海、邊漫步，約 20 分鐘就能抵達離海面 50 公尺的懸崖尖端。這裡的全景十分壯觀，四周被大海包圍，幾乎可以欣賞環繞 300 度的海岸風景。眼前屹立的神威岩姿態也令人印象深刻。

MAP

最佳季節　　6～8月

通往海角的步行道全年都能通行，但陽光充足之日讓藍色大海更顯突出的夏日光景是最為推薦的。初夏時節，道路周圍還會盛開著北萱草。

旅行小要點

停車場旁的餐廳「Kamui 番屋」於 4 ～ 10 月間營業，販售積丹藍顏色的冰淇淋很受歡迎。步道通行的時間依據季節而有不同，建議事先確認，此外，天候不佳時也會關閉。

1 位於山脊上並通往海角的小路，以傳說中的愛努女孩名字命名，稱為「恰蓮卡小路」（チャレンカの小道）。2 步道周圍開著各種各樣的花。鮮豔盛開的黃色北萱草於 6 月下旬～ 7 月上旬是最佳觀賞期。3 從海角頂端遠眺的神威岩。這一帶的海擁有獨特的深藍色，也被稱為「積丹藍」。

010

北龍町向日葵之里

● 北竜町ひまわりの里　　北海道／北龍町

TRAVEL PLAN
010

 怒放的向日葵布滿平緩的山丘，盡情從各種角度來眺望吧！

海外曾見過的感動風景
於北龍町完整重現

在平緩起伏的這一大片田地，以同樣方向鱗次櫛比排列的大朵向日葵田就像一張巨型的黃色地毯。以占地為 5 座東京巨蛋大小，面積約 23 萬平方公尺、共 200 萬株盛開的景色為傲，是日本第一的向日葵花田。時值 1979 年，農協職員前往舊南斯拉夫研修訪問，在當地深受向日葵田的絕景感動，歸國之後，町內開始培育向日葵並擴大栽種範圍，1989 年誕生了「向日葵之里」。每年開花時期的 7 月下旬～8 月中旬，都會以這裡為會場舉辦「向日葵節」。除了可以在廣闊的田地裡散步之外，騎自行車周遊場內、向日葵迷宮等，能以各種方式享受盛夏花風景。

MAP

....

 最佳季節 **7月下旬～8月中旬**

根據每年氣候不同會有一些變動，但一般從 7 月末到 8 月中旬為盛開期。向日葵面向東側綻放，所以午前拜訪才會有能拍美照的順光。

 旅行小要點

在與向日葵之里相鄰的觀光中心內，以當地盛產的向日葵種子所製作的健康食用油「燦爛向日葵油」為首，還販售有哈密瓜、西瓜、白米等特產，並提供來訪遊客用餐。

011

TRAIN SUITE 四季島
● トランスイート しきしま

`JR 東日本`

能在最高級的空間中享受旅行的豪華寢台列車

1 位於第 6 車廂的「DINING 四季島」擁有一種令人難以想像是置身於火車上的優雅氛圍。 2 餐點提供一流主廚坐鎮的法國料理套餐,無論是選擇何種行程,都能品嘗到名店美味。 3 以被稱為「四季島黃金」的黃金香檳色為襯底基調的美麗外觀。

此列車是從 2017 年開始運行的 JR 東日本豪華寢台列車。「TRAIN SUITE 四季島」主推周遊四季各具魅力的觀光景點,其旅程概念是「深遊探訪」,期盼旅客能深入體驗四季的變化,切身感受嶄新的發現。從上野站出發的行程,根據季節不同, 路線和住宿天數也不同。乘坐 JR 北海道線的運行路線是從關東到東北,再越過津輕海峽進入北海道,是能夠充分享受各觀光地區的大周遊行程。

運行路線

春〜秋　2 天 1 夜行程(山梨／長野)、4 天 3 夜行程
冬　　　2 天 1 夜行程、3 天 2 夜行程
※2022 年 3 月為止的資訊。不論季節,都是從 JR 上野站出發,行程內容各不相同。詳細資訊請參照官網。

查詢窗口

「TRAIN SUITE 四季島」旅行臺
0570-00-7216
※ 無法使用 Navi Dial 的情況下,請撥 ☎ 03-6231-7216
URL:www.jreast.co.jp/shiki-shima

東北

絕景巡禮！
東北推薦行程
[2天1夜]

> 東北地方北部（北東北，為青森縣、岩手縣、秋田縣這三縣的總稱）是繩文遺跡的寶庫。遺跡巡遊的同時還能欣賞自然豐富的景致。

北部區域　　　　　　　青森—秋田
遍覽新登錄世界遺產的繩文遺跡以及東北豐富的自然風光

在新青森站租車，參觀與青森市的三內丸山遺跡相鄰的青森縣立美術館。再南下到蔦沼、奧入瀨溪流及橫跨青森縣、秋田縣的十和田湖。此為代表東北的旅遊路線，是旅人們爭相朝聖的景點。

第1天
▶欣賞古老與現代藝術

JR新青森站
↓ 🚗 約10分鐘

1 三內丸山遺跡　　建議停留40分鐘　　繩文遺跡

距離JR新青森站約2.5公里，距離JR青森站7公里，交通非常便利。遺跡可從博物館和劇場等設施的「繩文時遊館」入場。 P.172

↓ 🚗 約6分鐘

2 青森縣立美術館　　現代藝術

與三內丸山遺跡相鄰，壕溝遺跡的外觀連結著繩文時代和現代。展示了與青森縣有關的藝術作品。 P.148

↓ 🚗 約1小時30分鐘

3 蔦沼　　環湖時間建議 停留1小時　　自然景觀

蔦沼是被稱為蔦七沼的7個沼澤之一。其中6個沼澤可以停留約1小時於其上的自然步道散心，另也設有遊客中心。

↓ 🚗 約20分鐘

住宿奧入瀨 燒山

第2天
▶盡賞奧入瀨與十和田湖的自然風光

奧入瀨 燒山
↓ 🚗 約10分鐘

4 石戶（石ヶ戶）之瀨　　自然景觀

從石戶休憩所散步即能抵達。日文「ヶ戶」是小屋的意思，正如其名，此處有一間岩屋。從岩屋處沿著溪流步行，就會遇見石戶的湍急溪流。

↓ 🚗 約30分鐘

5 十和田湖　　自然景觀

欲遊覽十和田湖，要先前往奧入瀨溪流入口的「子之口」。從十和田湖南岸的休屋港有十和田湖遊覽船供搭乘遊湖，附近立有乙女之像。

↓ 🚗 約40分鐘

6 大湯環狀列石　　繩文遺跡

由大湯川沿岸的兩個巨型環狀列石組成的繩文遺跡，也一併參觀隔壁的大湯環狀列石館吧！ P.172

↓ 🚗 約1小時40分鐘

JR盛岡站

南部區域　岩手—秋田—宮城—福島

五彩繽紛的賞花景點
還能接觸生機盎然的大地

讓我們從岩手縣最南部的一關市出發。因為花期時間固定，無法賞繡球花時也很推薦拜訪世界文化遺產「平泉」。嚴美溪谷和栗駒山於楓紅季節更是不容錯過，但洶湧的人潮也會難以避免。

第 1 天

▶鎖定於6月下旬～7月下旬前往！

JR一之關站

🚗 約20分鐘

1

賞花
絕景

陸奧紫陽花園

以在廣闊的杉林中種植盛開著約 4 萬株紫陽花（繡球花）而知名。7月下旬有好幾天可以看到花朵漂浮的「紫陽花池」。

P.68

🚗 約30分鐘

2

嚴美溪

曾作為伊達政宗領地並受其大力稱讚的松島和嚴美溪，這兩大風景勝地以美麗溪谷聞名，是由栗駒山流出的磐井川侵蝕而成。

建議停留 **30** 分鐘

自然
景觀

🚗 約50分鐘

3

栗駒山

從嚴美溪一路散步就能順道前往岩手縣一側的須川遊客中心。這座山在岩手縣被稱為須川岳，因為登山需花費不少時間，建議欲享受登高遠望樂趣的朋友們，留待下次再做安排。

建議停留 **1** 小時

山岳
絕景

P.48

🚗 約1小時30分鐘

4

自然
景觀

川原毛地獄

川原毛地獄被列為日本三大靈地，空氣中瀰漫硫磺味，盡情欣賞如地獄般荒涼的景象吧！

P.66

🚗 約1小時15分鐘

住宿鳴子溫泉

第 2 天

▶前往五彩繽紛的話題景點

鳴子溫泉

🚗 約1小時

5

藥萊花園　　建議停留 **1** 小時
賞花
絕景

P.64

由 400 種植物、8 個主題花園組成的廣闊園區，也有四季都能盡興拍照的攝影景點。

🚗 約2小時50分鐘

6

現代
藝術

豬苗代花草園

位於豬苗代館利時達飯店內的花草園，共種植了 400 種花草。溫室的「Umbrella Sky」是必訪景點。

P.158

🚗 約1小時

JR郡山站

012

栗駒山楓紅
● 栗駒山の紅葉

披上錦繡外衣
嬌豔的秋天山容

岩手縣／一關市　宮城縣／栗原市　秋田縣／東成瀨村

👀紅、橙、黃、綠及青空
的藍色漸層構成天狗平的
楓紅絕景。

TRAVEL PLAN

012

滿山楓紅令人驚豔
隱藏版的東北名峰

栗駒山可說幾乎是位於奧羽山脈的中央位置。著有《日本百名山》的深田久彌在後記中寫道:「東北的秋田駒岳和栗駒也許應該列在百名山之內」由此可見這座隱藏版名峰的魅力。站在海拔1626公尺的山頂,天氣好的話可以瞭望月山、鳥海山、藏王連峰、駒岳、早池峰山。從5月下旬至11月上旬均能享受登山的樂趣,但最受歡迎的是楓葉季節。被稱為「神之絨毯」的紅葉,9月中旬從山頂附近開始,逐漸向山腰、山麓蔓延,一整片如同燃火覆蓋的紅、黃色楓葉,宛如天鵝絨般地美麗。

MAP

 最佳季節　9〜10月

賞楓時節為9月下旬〜10月中旬,最佳觀賞期則是10月上旬。此地以「花的百名山」而知名,6〜7月可以看到150種高山植物的群生。

旅行小要點

根據入門者及老手不同的登山經驗,共規劃了6條路線。推薦初學者攀登以「Iwakagami Daira登山口」(いわかがみ平登山口)為起點的中央登山道及東栗駒登山道。楓紅季節日照時間短,登山前務必謹慎規畫。

1 美麗漸層色蔓延的「Iwakagami平」。栗駒山在岩手縣被稱為須川岳,秋田縣則稱為大日岳。 2 須川湖周邊色調鮮明的楓樹倒映在湖面上。 3 位於栗駒山海拔669〜707公尺地帶的細長濕地為「世界谷地原生花園」,也是高山植物的寶庫,春天到秋天可以遇見各種各樣的植物,秋季時,從這裡眺望的栗駒山很美。

013

雪靜靜飄落在冬夜
銀白夜色中綻放的冬櫻

弘前公園之櫻

● 弘前公園の桜 青森縣／弘前市

🔭 燈光照射著櫻花樹上的積雪，看起來就像是櫻花滿開的模樣。

貸櫻季節時，日落之後還能觀賞夜櫻，護城河上也映出了盛開的櫻花。

1 弘前公園西護城河的夜櫻盛開。有多條護城河的弘前公園，在沒有風的日子裡，櫻花映在水面上的美麗倒影吸引人目不轉睛。 **2** 弘前城是東北唯一現存的、於江戶時代重建的天守，已被指定為國家重要文化財。 **3** 從弘前公園西護城河的春陽橋能眺望夜間點燈的夜櫻。

TRAVEL PLAN

013

從嚴冬期到春天 能欣賞到兩種櫻花

說起東北最有名的櫻花勝地就是弘前公園。這裡的櫻花約有 52 種、將近 2600 株。以在二之丸東門附近盛開的、堪稱弘前公園最長壽的染井吉野櫻為首，可以欣賞到櫻花花瓣布滿護城河水面的「花筏」美景等令人目不暇給的櫻花景觀。而在櫻花盛開之前的嚴冬時期，也有「冬季櫻花點燈」可供觀賞，當燈光照射在櫻花枝上的積雪，樹木和河流霎時都染上了粉紅色，如同「櫻滿開」的美景，而起風的日子看起來就仿若「櫻吹雪」般，此外，每當護城河水結冰，「雪花筏」就會現身，只有在冬天澄澈的空氣中才能看到如此夢幻絕美的景致，如同夢境一般。

MAP

 最佳季節　**4月下旬～5月中旬**

春季時的櫻滿開很值得一訪，最佳賞櫻時節是 4 月下旬～5 月上旬。秋天會被楓葉染紅，冬季則有「夜櫻雪」點燈，四季都能享受賞花樂趣。

 旅行小要點

「冬季櫻花點燈」於積雪期的 12 月下旬～1 月上旬與 2 月上旬～中旬是最佳觀賞期，但根據雪質和風向等，櫻花樹枝上的積雪程度有所不同，因此天氣條件有所差異時，景色也會相應變化。

地球的盛大活力
與可愛花朵的爭奇鬥艷

鳥海湖
●ちょうかいこ

山形縣／遊佐町

TRAVEL PLAN

014

在湖邊迎接著遊人
可愛不屈的高山植物

此座破火山口湖位於鳥海山海拔 1,575 公尺（七合目）的御濱附近，自古以來被稱為「鳥之海」，是在 15 萬年前開始的火山活動中誕生的。雖然冬天周圍整個被大雪覆蓋，但是初夏像是追逐著積雪融化般，水仙銀蓮花和北萱草等高山植物相繼盛開，其中也可見鳥海無心菜、鳥海薊等特有種。百花齊放的景色十分美麗，凝望著在嚴酷的環境中開出可愛花朵的植物所散發的能量，給人莫大力量。因為可以邊散步邊眺望湖泊、庄內平野、日本海的絕景，所以是很受登山者歡迎的路線。

MAP

 最佳季節　　7〜10月

每年 7 月初舉行夏季開山活動。7〜8 月的新綠和高山植物的景觀很美。楓紅季節是 9〜10 月，11〜4 月則因降雪而禁止入山。

 旅行小要點

海拔 1700 公尺，位於破火山口湖外圍的是鳥海御濱神社。雖然是個小神社，但在這裡祈禱登山安全的健行者很多。從此處設置的山中小屋「御濱小屋」的位置就能俯瞰鳥海湖。

 從山形縣這一側的大平山登山口到鳥海湖，路程約 3 小時 10 分鐘。

以織田信長的居城「安土城」為主題的天守閣。

015

東北夜祭
東北の夜祭り

照耀夏日夜空
絢爛的夜之祭典

青森縣／青森市　秋田縣／秋田市、能代市

👀 東北三大祭典之一的「青森睡魔祭」，遊行中的大型睡魔散發出的威武霸氣扣人心弦。

TRAVEL
PLAN

015

① 「秋田竿燈祭」是為了祈求消災、五穀豐饒而舉行的。最大的「大若」竿高 12 公尺，重 50 公斤，吊著 46 個燈籠。用手掌、肩膀和腰部來回換位的妙技十分值得一看。② 「能代七夕 天空的不夜城」是日本最高的城郭型燈籠，最上面的「鯱型燈」有 5 公尺高。

東北夏季的風物詩
充滿動人魄力的祭典

秋田縣的「能代七夕 天空的不夜城」，是將江戶後期到明治年間運行的城郭燈籠於 2013 年復刻而成。據說以前的燈籠設計圖已不復存在，復刻版是參考許多文獻和照片重製的。24.1 公尺的「愛季」和 17.6 公尺的「嘉六」城郭燈籠在街上遊行的光景令人震撼。以「rasera」（ラッセーラー）的吶喊聲而聞名的是「青森睡魔祭」，當觀賞在夜晚浮現的睡魔和吹奏樂隊（囃子）中狂舞的「跳人」（ハネト），內心也會激動不已。「秋田竿燈祭」作為祈求消災和五穀豐收的活動，有著悠遠的歷史，如同稻穗般的竿燈上垂掛著米袋型燈籠的景象，像極了夜空中閃耀的金黃稻穗。

MAP

最佳季節　　　8月

上述祭典皆於 8 月舉行。「能代七夕 天空的不夜城」於每年 8 月 2、3 日舉辦，「青森睡魔祭」舉行期間為每年的 8 月 2 ～ 7 日，「秋田竿燈祭」則是每年的 8 月 3 ～ 6 日。

旅行小要點

「能代七夕 天空的不夜城」地點在秋田縣能代市的市政府周邊，「青森睡魔祭」在青森市的 JR 青森站附近，「秋田竿燈祭」在 JR 秋田站徒步 15 分鐘左右的竿燈大道舉行。秋田到青森乘坐火車約需 2 小時 40 分鐘，所以也可以規劃在祭典期間觀看所有慶典的旅行計畫，不過，建議提前預約旅宿。

被晨霧繚繞的只見川和大志集落。當霧散去，河面變身美麗水鏡。

016

大志集落

● おおししゅうらく

福島縣／金山町

在晨霧中浮現
素樸美麗的村莊

TRAVEL
PLAN

016

像立體透視模型般
小巧玲瓏的村落

此一村落在新潟縣境內的群山和只見川的守護下，擁有 20 棟左右的住屋。作為祕境支線很受歡迎的 JR 只見線沿線，紅色和藍色屋頂的房屋點狀散落的景觀，因與有山岳鐵道行駛的瑞士村莊相似而蔚為話題。初夏晨霧飄蕩的夢幻里山，盛夏青翠的田地和色彩鮮豔的屋頂形成對比，秋天的紅葉、冬季的銀白色村落，能體驗到四季風情。眺望絕景地點之一是沿著只見川的「金山親和廣場」（かねやまふれあい広場）。另一個是從會津川口站約 2 公里遠的林間道路，尻吹峠下來的地方，從這裡可以遠望被稱為「大志俯瞰」的雄偉景色。

MAP

最佳季節   8月

濃綠色的夏天景觀擁有絕美的整體感。8 月下旬的早晨和傍晚容易出現川霧，也能看到村落漂浮在雲中的景象。

旅行小要點

拍攝大志集落以及只見線上行駛通過的列車絕景很受攝影者們喜愛。由於行駛的列車不多，請務必事先確認時刻表。若欲從尻吹峠拍攝「大志俯瞰」，帶上腳架會更得心應手。

季節花朵一片盛開的「Fururu之丘」。佇立其中的樹是一大亮點。

017

藥萊花園

● やくらいガーデン

宮城縣／加美町

被斑爛花朵散發的陣陣花香
溫柔地包覆著

清爽的藍天和色彩鮮豔的花朵對比構成了美麗的彩虹花園。

TRAVEL
PLAN

017

有許多鮮花點綴
且適合曬照的庭園景點

此是位於藥萊山麓的一座廣闊庭園，四季鮮花盛開的這片土地由 8 個主題花園構成，步行道將花田密密縫地連結在一起。栽培植物多達 400 種，各季節均有最佳賞花期，春天有三色菫、油菜花、鬱金香，初夏有各種玫瑰，盛夏有向日葵，秋天有鼠尾草、金盞花、波斯菊等。最受歡迎的是 6 ～ 7 月時被華麗的玫瑰香味包圍的「玫瑰花園」，以及 9 ～ 10 月期間被五顏六色的花染成彩虹色的「Fururu 之丘」（ふるるの丘）。園內像小教堂這種能曬照的景點也很多，在年輕女性和情侶們之間很有人氣。

MAP

 最佳季節　　6～10月

10 月上旬到 11 月下旬會舉辦宮城縣內最大規模的「星光」點燈活動，可以觀賞如夢似幻的花園閃耀之景。

 旅行小要點

花園內有小教堂、花草店和咖啡館，小教堂提供拍攝婚禮照片的服務；商店販售手作商品和英式玫瑰苗。

018

川原毛地獄

かわらげじごく

秋田縣／湯澤市

用氣味、聲音和眼睛感受
地球的躍動與氣息

👀 火山氣體噴出的聲音響起，簡直就如同是地獄的場景般。

名符其實的地獄之名
震撼的鬼氣逼人絕景

與青森縣的恐山、富山縣的立山並列，為日本三大靈地之一。據說西元 807 年（大同 2 年）由月窗和尚開山，吸引許多修行者及參拜者來訪。被灰白色熔岩覆蓋的山體至今仍保留著火山活動的痕跡，周圍寸草不生，到處都瀰漫著火山氣體，發出沙沙聲響的火山持續噴發，漂浮著刺鼻濃烈的硫磺味。由噴氣孔中看到的黃色部分是硫磺的結晶，往昔也曾進行過硫磺開採。布滿著奇岩怪石的山體令人毛骨悚然，宛如地獄的樣貌，這是一個能切身感受到大地充沛呼吸活力的絕景景點。

MAP

1 起伏的斜坡上布滿看來荒涼而令人毛骨悚然的景致。 2 川原毛地獄海拔高度 800 公尺，從停車場開始的路已整建完成，通行容易。 3 「川原毛大湯瀑布」是川原毛地獄湧出的溫泉流入山谷形成巨大瀑布後匯集成的天然溫泉。從川原毛地獄開車需 40 分鐘，從停車場徒步 15 分鐘可抵達。夏天露天浴池開放，但因為是男女混浴，需要穿著泳衣，也可以單純享受泡足湯的樂趣。

🌾 **最佳季節**　5～10月

雖然寸草不生，但在楓紅季節，周圍的群山會染上紅色和黃色，與無機的川原毛地獄形成了鮮明的對比。

🔍 **旅行小要點**

有地熱產出的川原毛地獄被地質網站指定為「湯澤地質公園」。噴出的火山氣體有毒，步行道之外的地方是禁止進入的。11月上旬～5月上旬的冬期則未開放。

019

盛開的繡球花與
花期終了的池子都美不勝收

陸奧紫陽花園

● みちのくあじさい園　　岩手縣／一關市

花期結束的時候，可以看到漂浮著五顏六色花朵的「紫陽花池」。

TRAVEL PLAN

019

🔭 杉林樹下盛開的紫陽花點綴的夢幻風景。也可以享受森林浴。

1 下雨後可以看到從杉林的樹葉空隙穿透而來的陽光，以及濕漉漉紫陽花的夢幻景象。**2** 圓潤外觀的白色紫陽花──安娜貝爾一齊盛開。**3** 超適合曬美照的「紫陽花池」在社群媒體上掀起熱潮。

在被紫陽花包圍的廣闊庭園內悠遊漫步

日本紫陽花協會認定的日本第一紫陽花園。占地面積超越 3 個東京巨蛋園區，約有 400 種、共 4 萬株的紫陽花盛開，享譽全國。包括澤八仙花、蝦夷紫陽花、額紫陽花等原生種，種類數量十分豐富。園區內有 3 條散步路線均為山路，在「奧姬道」中可以看到不同品種的紫陽花，在「深山道」中可以欣賞安娜貝爾此種白色喬木紫陽花的群生，在「不給我道」中則能遇見藍色和白色的紫陽花田，下雨過後的景致更加美得令人屏息。園內漂浮著無數花朵的「紫陽花池」十分上鏡，是只有 7 月下旬的某幾天才能看到的珍奇絕景。

MAP

🌸 **最佳季節** **6～7月**

最佳觀賞期是 6 月下旬～ 7 月下旬。能欣賞「紫陽花池」只有在花季結束的那幾天，此時，點綴園內的繡球花就會開始枯萎。4 月下旬～ 5 月中旬可以賞到石楠花。入園費會依據花期而作調整。

🔍 **旅行小要點**

園區的占地面積大，但山道並未整備過，梅雨季節時的道路泥濘，因此推薦穿著容易行走的防水鞋。若不方便步行參觀，可以利用司機接駁的電動觀光車（收費且要預約）。

020

八幡平龍之眼

八幡平ドラゴンアイ   秋田縣／仙北市

1 藍色水面和白色的積雪成環狀，從上方眺望就像龍的眼睛一樣。 2 因為要在雪地上行走，推薦穿長靴和防水鞋。而當積雪正在融化時，接近湖面會很危險，請務必避免。 3 在夏天的八幡平步道上漫行，十分宜人。

72

 藍色、白色及新綠的對比再加上夏日的青空,是首選攝影景點。

TRAVEL PLAN

020

積雪融化期限定的神祕自然現象

位於海拔 1600 公尺附近的鏡沼,厚厚的積雪到了春天只有周邊和中心部分融化,是各種自然條件疊加才會出現的自然現象,由於看起來就像是龍的眼睛因而得名。實際上,若將青森、秋田、岩手此東北地方北部三縣的形狀比作龍的頭部,此處正好是龍的眼睛位置,十分不可思議。位於鏡沼附近的「眼鏡沼」,因閃耀著如寶石般的碧綠光輝而被稱為「龍之淚」,也是人氣景點。在八幡平市觀光協會的網站可以查詢「龍之眼資訊」,能得知積雪和雪水的絕妙平衡而形成的最新龍之眼景色。

MAP

🌿 **最佳季節** 5〜6月

八幡平龍之眼於每年 5 月中旬〜 6 月中旬開眼,但會受當年積雪量、積雪融化狀況、天候等因素影響。

🔍 **旅行小要點**

從設有停車場的八幡平山頂休憩小屋到見返峠→源太森→八幡平山頂一周的「八幡平自然探勝路線」,需時 2 小時 30 分鐘左右。八幡沼周邊可以看到很多像棉花一樣、有白色細絲的「白毛羊鬍子草」。

021
TOHOKU EMOTION
● トウホク エモーション

JR 東日本

設有現地廚房
全座位席的『奔馳餐廳』

從 2013 年 10 月開始往返於八戶站～久慈站之間的餐廳列車。從去程的八戶站出發，由人氣主廚提供原創料理，返程則供有甜點和下午茶。1 號車為個室，2 號車為現地廚房空間，3 號車則是開放餐廳。能邊眺望三陸的大海、邊慢慢地享受從現地廚房出餐的美食料理！以食材、傳統工藝為主題的車內裝潢，就是一輛滿載東北風格的「奔馳餐廳」。

1 作為開放餐廳的 3 號車廂。**2** 主廚一年更換兩次，菜單一年更新四次，不論乘坐幾次都很有新鮮感。**3** 外裝設計讓人聯想到白色磚牆的餐廳，共有 3 節車廂運行。

運行區間
八戶站→久慈站（午餐）
久慈站→八戶站（自助甜點吧）
※ 可以往返搭乘，須同時兩名乘客預約乘車。

所需時間
單程約需 2 小時

查詢窗口
View 預約中心 ☎ 03-3843-2001
※2022 年 4 月之後的行程只在網路上預約販售。詳細資訊請參照官網。
URL：www.jreast.co.jp/railway/joyful/tohoku.html

關東

市區擁有新奇的建築和數位藝術，郊外則能接觸大自然和百花盛開絕景。

絕景巡禮！
關東推薦行程
[3天2夜]

盡情享受東京的精彩景點
從日光的寺社玩到茨城的大海

在東京這個大都會中感受歷史、被最尖端的科技藝術觸動，並登上摩天大樓享受都市夜景！第2天從東京出發，開車2小時左右，能遊覽世界遺產日光社寺，第3天前往拜訪賞花名勝。

第1天
▶充分享受東京的話題景點

1 迎賓館赤坂離宮　建議停留1小時　重要建築

P.90

迎接來自世界各國要人，且是日本唯一的新巴洛克風格的宮殿建築。本館與庭園即使沒有提前預約也可以參觀，事先確認開放日期後再前往拜訪吧！

約55分鐘　👣 約10分鐘

2 角川武野藏博物館　圖書館

© 角川武野藏博物館　P.86

從JR四谷站換乘中央線和武藏野線到JR東所澤站。博物館內的「本柵劇場」根據不同日期也會販售當日券，但最好事先預約。

👣 約10分鐘　🚃 約1小時20分鐘

3 teamLab Planets TOKYO DMN　數位藝術

© teamLab　P.152

位於新豐洲站附近的teamLab互動美術館。在館內設置的4個空間和2個庭院裏，可以赤足體驗數位藝術的不可思議和夢幻魅力。

🚃 約40分鐘

4 Maxell AQUA PARK 品川　水族館

P.94

運用聲音、燈光等最尖端科技的演出是該水族館的魅力所在。水母漂舞的「Jelly fish Ranble」和海豚表演不容錯過。

🚃 約15分鐘

5 SHIBUYA SKY　都心夜景

P.80

「SHIBUYA SCRAMBLE SQUARE」為展望台設施，是持續進行再開發的澀谷站周邊的地標性建築。登上229公尺的展望台就可以360度眺望東京夜景。

↓
住宿於東京市區

第2天

▶接觸日光的豐富自然和歷史

市區

 約2小時10分鐘

日光宇都宮道路日光交流道

 約15分鐘

1 日光山輪王寺　建議停留**2**小時　寺社絕景

輪王寺境內非常寬敞，有寶物殿、三佛堂、大獻院等必訪景點。日光東照宮和二荒山神社也記得一起參拜唷！

P.96

 約7分鐘

2 神橋　山橋絕景

從日光交流道過來，將車停放於輪王寺和東照宮的停車場，再步行至神橋。神橋是世界遺產日光山內的入口。屬於二荒山神社的建築之一，是座美麗的朱紅色橋。

約5分鐘

3 湯葉料理　鄉土料理

沿著舊日光街道步行，會遇見老舖「湯葉亭 Masudaya」（ゆば亭ますだや），在這裡可以品嘗湯葉料理等的會席料理。

 約25分鐘

4 明智平展望台　展望台

建議停留**50**分鐘

搭乘「明智平纜車」前往展望台，中禪寺湖和華嚴瀑布盡收眼底，特別是秋天的楓紅很美。但是，連接日光市街與中禪寺湖街的伊呂波山道要做好會塞車的覺悟。

 約25分鐘

住宿於日光

第3天

▶花與絕景的海濱兜風

日光

 約50分鐘

東北自動車道佐野藤岡交流道

 約18分鐘

5 足利花卉公園　建議停留**50**分鐘　賞花絕景

4月下旬～5月上旬的大藤棚和藤之隧道，是一生必看一次的絕景！在此之外的時期，會有鬱金香和玫瑰等妝點園內。

P.100

約1小時40分鐘

6 國營常陸海濱公園　賞花絕景

以4～5月左右開放且為日本最大規模的粉蝶花田而聞名的國營公園。占地寬廣，建議安排充裕時間停留。秋天的紅色掃帚草十分漂亮。

約25分鐘

7 大洗磯前神社　神社絕景

過了那珂川，沿著大洗海岸走，會遇見佇立海中的「神磯鳥居」。參拜有助姻緣和開運招福的大洗磯前神社吧！

P.104

約2分鐘

8 磯濱燈柱　海岸絕景

從神磯的鳥居步行一會兒就能來到聳立岸邊的燈塔。也被稱為大洗燈柱，作為日出景點很受歡迎，夕陽景色也是一絕。

約12分鐘

水戶大洗交流道

022

入夜後的大城市
絢麗百萬夜景浮現

東京都心的夜景
都心の夜景

東京都／墨田區、豐島區、澀谷區

從東京晴空塔東側看到的景色。延伸直至水平線的夜景給人十足的大城市繁華感。

TRAVEL
PLAN

022

轟立在巨型城市的中心
一望無際的遼闊高樓視野

擁有約 1400 萬人口、堪稱世界最大規模都市的東京都，摩天大樓建築林立，景觀在鐵道和高速公路縱橫的市中心向外延伸，是繁華和活力滿溢的大城市，特別是從摩天樓和高塔的展望臺眺望的夜景特別迷人。世界第二高的東京晴空塔，設置有高 350 公尺、約 3 層樓高的「天望甲板」，以及 450 公尺鑲著玻璃的管筒狀「天望回廊」，可以一邊眺望 360 度的全景、一邊在空中散步。另一方面，從池袋的「陽光 60」展望台，東京晴空塔看起來就像是大城市裡被點亮的蠟燭，還能俯瞰以「SHIBUYA SKY」為首的周圍高層建築群，享受精彩的豪華百萬夜景。

MAP

1 從標高約 240 公尺的池袋陽光 60 瞭望台眺望東京晴空塔方向。 2 高約 230 公尺的 SHIBUYA SKY 需先於「SHIBUYA SCRAMBLE SQUARE」的 14 樓購票後，才能前往 45 樓〜頂樓的展望設施。 3 作為澀谷的新景點很受歡迎的宮下公園（MIYASHITA PARK），是沿著明治通全長 330 公尺的複合設施，內有約 90 家商店、餐廳及飯店。屋頂平台上有一個開放的大草皮公園，讓人無法想像正身處於市中心。

🌿 最佳季節　12〜2月

萬里無雲的天氣且會讓夜景更加清澈的冬季是最好時節。耶誕佳節期間，在市中心各處舉辦的點燈活動也十分令人期待。

🔍 旅行小要點

漆黑中漂浮著無數光點的夜景越夜越美麗，天空顏色時時刻刻變化的暮光之城也千萬別錯過。建議事先查詢日落時間並盡早前往展望台，記得面向西邊喔。

023
伊豆諸島
● いずしょとう　東京都／御藏島、新島、大島、三宅島

透明度絕倫的大海與
充滿神祕的大自然

🔭 御藏島的大海可以近距離觀察海豚。當地店家提供的游泳行程即使是初學者也可以參加。

白色沙灘綿延 6.5 公里的新島羽伏浦海岸，蔚藍大海令人印象深刻。

① 布滿海灘的白沙是僅在新島和利帕里島（義大利）出產的輕石狀耐火石。 ② 離本州最近的伊豆大島中央聳立著海拔 764 公尺的三原山，是一座火山島。三原山有 3 條登山路線，周遊火山口約需 35 分鐘。 ③ 三宅島至今仍隨處可見火山活動的痕跡。

TRAVEL PLAN

023

能親眼見到野生海豚
充滿神祕感的自然島嶼

散落在伊豆半島東南海域的大大小小 100 多個島嶼，其總稱為「伊豆諸島」。有大島、利島、新島等 9 個有人島，是被藍色大海和豐饒自然包圍且是離東京最近的自然島。其中最能接觸到神祕自然的是御藏島，以海拔 851 公尺的御山為中心，高峰和懸崖相連的島嶼，大部分都被杜鵑花、石榴等樹種高大的原生林覆蓋，可以一邊享受景觀瞭望和森林浴、一邊徒步旅行是其魅力所在。另外，島嶼的周圍棲息著約 120 頭海豚，若參加海豚共游行程，能和野生海豚同游大海的機率非常高。

MAP

最佳季節　　4～11月

為了保護自然環境，可以觀察海豚的時間僅限於 3 月 15 日～ 11 月 15 日。5 月中旬時，伊豆諸島固有種的香味海老根（Scented ebine）也將開花。

©菅原和美

旅行小要點

欲前往伊豆諸島的各島一般均搭乘從竹芝棧橋出發的大型客船。另外，大島、八丈島、新島等地也有從調布機場出發的航線。海豚觀賞季節的御藏島特別受歡迎，建議提前預約住宿和行程。

024

多方位傳遞文化
的複合設施

角川武藏野博物館

● 角川武藏野ミュージアム　　　琦玉縣／所澤市

書架劇場高 8 公尺且擺滿了分門別類的書籍，是館內最精采壓軸的空間。

《武蔵野皮革濃》鴻池朋子2021©Tomoko Konoike

2 1 由親自操刀蒂
芙尼銀座本店和根
津美術館的隈研吾
設計監修。 2 入
口位於石頭建起的
巨大建築腳下，從
這裡踏入非日常的
藝術空間吧！ 3
在與「所澤櫻花
城」相鄰的武藏野
樹林公園常設展示
的「teamLab 樓子
森林裡呼應的生
命」。互動的光藝
術空間就在眼前展
開。

©角川武藏野博物館

建築和空間本身就是前衛的藝術作品

在出版和影像等領域廣泛開展事業的角川集團，作為日本最大的流行文化傳播據點而開設的「所澤櫻花城」，核心設施於 2020 年開業。融合圖書館、美術館、博物館於一體並以全新概念的文化設施受到了全世界的矚目。首先引人關注的是被約兩萬片花崗岩覆蓋的外觀，幾何形的石砌大建築給人超級強烈的視覺衝擊，館內被高 8 公尺的巨型「書架劇場」360 度環繞著，驚奇度令人屏息。在每 20 分鐘上映一次的光雕投影中，可以欣賞令人目眩神迷的光影秀。

MAP

 最佳季節 **整年**

11 月上旬～2 月下旬舉辦的「冬季燈光節」活動，各種造型的建築和樹木都以漸變的燈光顏色裝飾點綴。

 旅行小要點

非日常性的建築物和空間十分令人驚豔，從陳列著一般書籍到漫畫約計 2.5 萬冊的「書街」，以及收集世界不可思議物品的「荒俁驚奇祕寶館」等，總之看點滿滿。

©角川武藏野博物館

025

氣派感和藝術氣息洋溢
日本近代建築的結晶

迎賓館赤坂離宮

げいひんかんあかさかりきゅう

東京都／港區

由東畫國立奈良博物館的
片山東熊設計，為明治時代以後
首次被指定為國寶的近代建築。

「彩鸞廳」中貼有金箔的美麗石膏浮雕，首腦會談曾在此舉行。

1 金箔浮雕中也有鎧武者等和式元素。 2 描繪花和鳥的天花板壁畫以及牆壁上裝潢的七寶燒，是「花鳥廳」的名字由來。可以欣賞到完美再現日本畫特有濃淡和模糊表現技法的七寶燒最高傑作。 1 從 1974 年開始作為迎接世界各國賓客的迎賓館使用。

TRAVEL
PLAN

025

彙集了美術工藝的精華
名建築巡遊之旅

於 1909 年（明治 42 年），作為供皇太子居住的東宮御所而建成。在占地約東京巨蛋 2.5 倍的廣闊土地上，是一棟地下 1 層、高 2 層樓、國內唯一新巴洛克風格的宮殿建築。會讓人聯想到巴黎凡爾賽宮的莊嚴華麗外觀十分吸睛，而在巨大的中庭空間裡鋪有正紅色地毯的中央階梯更顯耀眼奪目，裝飾著七寶工藝第一人濤川惣助作品的「花鳥廳」等空間，更令人醉心於當時的建築、美術及工藝精華。值得留意的是，乍看好似由西式建築形式統一的風格中，巧妙地融入了和風內裝。洋風與和風的大膽組合，表現出獨特美感。

MAP

最佳季節　　整年

圍繞著噴泉的皋月杜鵑盛開的 5 月、和風別館庭園的梅花盛開的 2～3 月等，四季都能盡情遊覽。

旅行小要點

本館、庭園、和風別館除了星期三和接待貴賓等的非公開日以外，全年均開放。根據參觀路線不同，需要 / 不需要預約參觀、費用也有差異，建議事先在官網上查詢確認。

被絢爛七彩燈光妝點的水母群泳，展現出非日常的氛圍。

026

光與音引領我們走向非日常
都市型的水族館

Maxell AQUA PARK 品川

● マクセル アクアパーク品川

東京都／港區

TRAVEL
PLAN

026

超越對一般水族館的認知
精心設計的演出

從品川站步行只需約 2 分鐘，地理位置
絕佳，不僅適合家庭同樂、也是也很受
情侶們喜愛的水族館。除了動態展示海
洋生物之外，最大的特徵是運用聲光等
最尖端科技進行夢幻般的展示演出。其
中最有看點的是，在寬闊大空間裡根據
時間和季節而變化的照明及聲音演出
—— 水母漂舞的「Jellyfish Ranble」，
可以體驗難得一見的幻想光景。同時，
在直徑約 25 公尺的圓形會場舉辦的海
豚表演秀也超有人氣。從天花板上灑下
的水舞和噴泉演出，以及生動的海豚表
演都令人目不暇給。

MAP

 最佳季節　　整年

根據季節和晝夜時間安排了
不同演出，因此一年到頭無
論何時拜訪都能玩得很盡興，
另還提供預售票和優惠年票。

 旅行小要點

如果想要盡情享受表演和遊
樂設施的話，最少也需花費
2 小時。平日一開館以及假
日傍晚後較能悠閒地參觀，
若事先確認表演時間就更能
有效率地玩逛一圈。

027

擁有1250年歷史
日光二社一寺的中心

日光山輪王寺

● にっこうざんりんのうじ

栃木縣／日光市

雪白的冬景中映著鮮豔紅漆顏色的大猷院二天門。

進偉大氣的大猷院靈廟。內部裝潢著狩野派的隔扇畫以及繪有 140 隻龍的格狀天花板。

1 由拜殿、相間、正殿組成的靈廟被指定為國寶。因為大量使用金箔，所以也被稱為「金閣殿」。 2 通往德川家光墓地所在的奧院的皇嘉門，因讓人聯想到美麗的龍宮城，因而有「龍宮門」的別名。另外，參觀區域到此為止，奧院並不開放。 3 供奉在被指定為重要文化財的二天門之增長天。 4 持國天的背面供奉著風神及雷神像。

體現德川家威望
的優美建築寶庫

與日光東照宮、日光二荒山神社以「日光之社寺」整體而被登記為世界遺產的輪王寺，據說是在奈良時代作為山岳信仰的中心道場而創建的，江戶時代受到德川將軍家的庇護，極其興盛。特別是第三代將軍家光公信仰虔誠，在位時重建了東日本最大的木造建築三佛堂（正殿），去世後則建造大猷院作為陵墓。最不容錯過的是建築本體散發的華麗美感，特別是大猷院，據說是根據德川家光的遺言建造成簡樸樣式，但巧妙地搭配了金、紅、黑色的外觀，充滿了不亞於陽明門的美感和氣度。

MAP

最佳季節 　　4～11月

日光山內被櫻花占領的春天以及與秋天紅葉相互映照的華麗建築群是最撼動人心的風景。三佛堂前樹齡約 500 年的金剛櫻於每年 4 月下旬都會盛開。

旅行小要點

搭乘電車前往日光，再轉乘世界遺產巡遊巴士會很方便。車班會從 JR 日光站出發前往東武日光站，巡迴於日光東照宮、日光二荒山神社、日光輪王寺此兩社一寺所在的日光山內。白天每 15～20 分鐘就有一班，非常便利。

028

動人的紫藤古木
絢爛豪華的花景

足利花卉公園之紫藤
● あしかがフラワーパークの藤

栃木縣／足利市

無數的花房像是滴落的五月雨垂墜而下，樹的大藤展現其華麗姿態。

TRAVEL PLAN

028

將近一個月的時間都能觀賞到紫藤花

在約 10 萬平方公尺的土地上，四季鮮花盛開的「足利花卉公園」，讓其名字一躍而傳遍世界的是，盛開著繁多種類且超過 350 多株紫藤的絕景。以 600 張榻榻米大小的大藤棚為首，還有即便在世界上也算罕見的八重大藤棚、長達 80 公尺的白藤隧道和黃藤花等，有將近 1 個月以上可以欣賞到各式各樣的花風景。作為象徵的大藤是樹齡 160 年的古樹，當其盛開時，淡紫色的花房會垂到接近地面，絢爛豪華的景象就在眼前展開，有燈光照明的夜景更加如夢似幻。而映在池塘水面上的藤花瀑布呈現出的鏡面世界，更令人無法想像這是真實存在的美景。

MAP

最佳季節　　4月下旬～5月中旬

藤花從淡紅色到紫色、白色、黃色的開花順序，將近有一個月可以觀賞。每年 4 月下旬～ 5 月上旬都是觀賞大藤棚的好時節，開花狀況可以先透過官網確認。

旅行小要點

於紫藤花期會有很多人來園，估計周邊道路和停車場會很擁擠，建議搭乘 2018 年開業的 JR 兩毛線至足利花卉公園站，賞花期間的週末還會加開臨時列車。

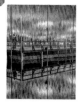

駒止瀑布
● 駒止の滝

傾瀉在寬闊大自然中
鬼斧神工大瀑布

栃木縣／那須町

TRAVEL PLAN

029

被楓葉染紅的溪谷和如白絲線般的瀑布，與蔚藍的瀑布深潭形成了絕妙的對比。

被楓葉染紅的繽紛溪谷之景十分值得造訪

瀑布在冒著白色煙霧的茶臼岳東麓、有余笹川流經的懸崖峭壁上，分成兩段落下，高度落差約 20 公尺，寬約 3 公尺。瀑布名稱的由來，據說是往昔路過這裡的旅人因為景色太美看到入迷而忍不住駐馬欣賞。在垂直的懸崖上，皎白的瀑布呈一直線傾瀉而下，此景妙不可言。因無法靠近險峻溪谷中的瀑布潭，建議從隔著山谷的觀瀑臺遠望，這樣反而讓人感受到大自然的廣闊，更突出了瀑布的美。另外，由於觀瀑臺與瀑布之間有相當的距離，拍照時最好備有長鏡頭。

MAP

🌿 **最佳季節** **10月**

能看到紅色和黃色溪谷以及清澈藍色瀑布競演的楓紅季節是最美的。每年 10 月上旬楓葉開始轉紅，下旬是最佳賞楓期。

🔍 **旅行小要點**

因為瀑布位於溪谷深處，當拜訪時間不同也會有日照不足的情況，若是楓紅季節，建議於順光強烈的上午前往。「北溫泉旅館」位於從觀瀑臺往下的陡坡之處，可以享受當日往返的溫泉之旅。

030

大洗磯前神社

🔊 おおあらいいそさきじんじゃ

造國之神降臨
最強的能量景點

茨城縣／大洗町

TRAVEL PLAN

030

以蔚藍閃耀的太平洋為背景，被巨浪拍擊的神磯鳥居。

瞄準日出的短暫瞬間前往拜訪

在日本三大民謠《磯節》中，鎮座在大洗岬山丘上的大洗磯前神社被譽為「海岸名所大洗神」。西元 856 年（齊衡 3 年），在這片海岸上，被尊為國造之神的大己貴命（大國主命）和醫藥祖神的少彥名命降臨，大洗磯前神社就是為了祭祀這兩位神而建造的。神降臨的聖地被稱為「神磯」，大浪拍打的礁石上佇立著「神磯的鳥居」。以蒼藍的大海為背景，浪花四濺的海岸風景神聖而美麗。特別是從水平線升起的朝陽與鳥居重疊的光景，令人讚嘆不已，而從展望台可以俯瞰大海和鳥居全景。

MAP

 最佳季節　　　整年

一年四季都能看到美麗的日出，但朝日從離鳥居最近之處升起是在 12 月 20 日左右的冬至時節。另外，元旦還會舉行日出奉拜儀式。

旅行小要點

神磯鳥居所在的岩礁地帶自古以來就規劃為禁足地，禁止民眾入內，也嚴禁登上岩場或靠近鳥居。參拜從展望台開始，隔著馬路就是正殿所在。

面向港口的磚瓦建築很有橫濱的味道，充滿了異國情調。

031

守望著橫濱變遷的現代化產業遺產

橫濱紅磚倉庫

橫浜赤レンガ倉庫

神奈川縣／橫濱市

TRAVEL
PLAN

031

洋溢懷舊感的外觀
是橫濱港的象徵

橫濱從只有 100 戶、500 人左右居住的貧窮村莊，以 1859 年（安政 6 年）的開港為契機，迅速發展成了巨大的港灣都市。乘載歷史並傳承至今的是 1911 年（明治 44 年）所建的 2 號館、1913 年（大正 2 年）所建的 1 號館組成的紅磚倉庫，這是日本最初擁有行李用電梯和灑水器等設備並運用享譽世界之最新技術建造的。現今作為文化／商業設施，內有許多商店和餐廳，其裸露鐵骨的天花板和切割成細小空間的內部構造讓人感受到時空流轉。夜晚的紅磚建築外觀在點燈後，化身為漂浮著濃厚懷舊風的海港光景。

MAP

 最佳季節 　11～1月

若想盡覽風景，選在空氣清澈以及青空、大海更顯蔚藍的冬天是最好的。街道燈飾超浪漫的耶誕季節也超級推薦。

 旅行小要點

紅磚倉庫所在的紅磚公園內，散布著 1914 年（大正 3 年）建造的舊海關事務所的遺跡、舊橫濱站的月臺等歷史景點。公園內有長椅，很適合在此休息。

1 有約 50 家店鋪和餐廳的 2 號館於 1911 年竣工。包括 1 號館在內被指定為現代化產業遺產。 2 「橫濱港未來 21」是代表橫濱的觀光區，特別是紅磚倉庫周圍作為岸邊的散步景點很受歡迎。 3 全長約 150 公尺的倉庫裏可以看到銅骨建造的露臺……等現今建築仍會運用的構造。

032
THE ROYAL EXPRESS
● ザ・ロイヤルエクスプレス

東急電鐵／伊豆急行

穿梭伊豆沿途風景的
華麗『設計列車』

由東急電鐵和伊豆急行經營的豪華列車。在雅致時髦的車廂內，邊欣賞風景邊用餐，招待旅客開懷享受橫濱至下田之間的旅行。列車由八節車廂組成，傳統工藝和彩色玻璃豪華的餐車、可以作為書房的車廂等，都讓人難以想像這些僅是列車的內裝。附餐乘車方案提供每個季節的和式套餐和西式套餐，另還有小提琴現場演奏等，可以沉浸在優雅的氛圍中。

1 以日式建築傳統工藝「組子」裝潢窗戶的車內。2 可以品嘗到使用伊豆食材製作的壽司。3 若申請名額超過時會以抽籤方式決定。預約受理日期等資訊請上官網確認。

運行區間

JR 橫濱站→伊豆急下田站
伊豆急下田站→ JR 橫濱站
※ 附餐乘車方案（根據出發日的不同，菜單也會不同）。
2 天 1 夜的周遊觀光方案、特別方案、北海道周遊觀光列車也持續運行。

所需時間

附餐乘車方案約 3 小時

查詢窗口

THE ROYAL EXPRESS 行程櫃台 ☎ 03-6455-0644

中部

033-045

絕景巡禮！
中部推薦行程
[2天1夜]

享受了富士山的絕景之後，可以開始環著西伊豆、南伊豆和伊豆半島來趟長程兜風之旅。伊豆有很多值得一訪的地方，再住一晚就能一次將堂島、松崎、下田等各觀光景點玩透透。

山梨／靜岡區域　　山梨→靜岡

富士山絕景以及
伊豆半島南部的自然風光

第 1 天
▶眺望美麗的富士山，南下伊東

中央高速道路一宮御坂交流道

🚗 約30分鐘

1 從御坂峠眺望富士山　　富士山絕景

從御坂峠開上被稱為「御坂道」的彎曲道路，穿過隧道，前方會有景觀餐廳「天下茶屋」。建議攜帶望遠鏡頭以利拍攝絕景。

P.118

🚗 約20分鐘

2 河口湖音樂之森美術館　　歐風建築

沿著御坂峠的道路前進，就會來到河口湖。湖畔的美術館被富士山的景色和季節花朵包圍著，能享受小歐洲的氛圍。

P.156

🚗 約2小時10分鐘

3 大田子海岸（伊吉拉）　　奇岩絕景

離開河口湖前往伊豆半島，途中會經過修善寺和土肥，建議把握夕陽西下時間前往大田子海岸看「伊吉拉岩」。

P.167

🚗 約5分鐘

住宿於堂島

第 2 天
▶玩賞有伊豆半島地質公園的南伊豆

堂島

🚗 約1小時

4 南伊豆Geo Site　　自然景觀

P.112

從縣道 15 號橫穿伊豆半島前往下田。龍宮窟和惠比須島等地因為離 Geo Site 的景點很遠，建議選擇能配合時間到訪的景點。

🚗 約1小時30分鐘

5 小室山公園的杜鵑　　賞花絕景

經過河津、伊豆熱川、城崎海岸北上。若正值 4 月中旬就能順路拜訪這裡，整座山被 10 萬株杜鵑花覆滿的時期簡直美到犯規。

P.116

🚗 約10分鐘

伊東

長野／岐阜／北陸區域　長野－岐阜－石川

宏偉的景觀與古老的街道
想於秋季拜訪的魅力路線

從松本一路玩到金澤，為你規劃了松本城、飛驒高山、白川鄉等一生必訪一次的王道景點以及能親近乘鞍岳雄偉自然的魅力方案。一定要過上一夜，在金澤當地遊覽享受兼六園和東茶屋街等地。

第1天
▶從松本往乘鞍岳山上出發

JR松本站

🚗 約8分鐘

↓

1 國寶 松本城 ［城堡絕景］

松本城擁有令人印象深刻的大天守，是日本現存的五重六階天守中最古老的、也是國寶天守五城之一，天守內開放參觀。

🚗 約5分鐘

↓

2 松本市美術館 ［藝術絕景］

在城下町松本的近代美術館裡，展示許多松本市出身的藝術家草間彌生的作品，因此很有人氣，也一併逛逛博物館的賣店吧！
P.149

🚗 約1小時30分鐘

↓

樸之木平公車總站（ほおのき平駐車場）

🚌 約45分鐘（7～10月行駛）

↓

3 乘鞍岳疊平 ［山岳絕景］

環木道1周
需40分鐘

經過平湯溫泉，從停車場乘坐接送巴士前往海拔約2700公尺的乘鞍岳山頂「疊平」。初夏有高山植物生長，秋天是楓葉爭豔的山上樂園。
P.124

🚌 約45分鐘　🚗 約35分鐘

↓

樸之木平公車總站　　住宿於高山

第2天
▶古老日本的時光旅行

4 飛驒高山的古老町道 ［古老町道］

飛驒高山地區為江戶時代以來發展的城下町，位於中心的上町、下町之三條街道被稱為「古老町道」。邊散步邊欣賞街道兩側的町家吧！

🚶 約1分鐘

↓

5 飛驒高山復古博物館 ［昭和懷舊］

位於「古老町道」附近，是再現昭和20～50年代街道的景點，內有昭和時期的小學和點心店，也能玩遍滿滿古早味的小遊戲。
P.162

🚗 約1小時

↓

6 白川鄉 ［傳統聚落］

建議停留1小時30分鐘

與富山縣五箇山共同被登記為世界遺產的合掌村。若登上天守閣的展望台，可以看到如明信片般的美景。
P.294

🚗 約1小時

↓

7 金澤太陽丘水杉林蔭大道 ［街樹絕景］

從金澤站開車30分鐘左右抵達太陽丘上的「Metase大道」，這是一條長達1.7公里的水杉林蔭道，賞楓約從11月中旬開始。
P.120

🚗 約30分鐘

↓

JR金澤站

033

緬懷遠古的地球
海與火山的造物

南伊豆Geo Site

● 南伊豆ジオサイト

靜岡縣／下田市、南伊豆町

惠比須島的南側是火山灰
地形，一眼望去是因波浪侵蝕而
形成的「千疊敷」（比喻為 100
片塌塌米大小左右的廣闊空間）。

113

爪木崎俵磯。柱狀節理是因伊豆和本州板塊碰撞擠壓而隆起出現於地表的地形。

① 龍宮窟是由隆起的海底火山所噴出的岩漿經波浪侵蝕而成的海蝕洞。 ② 貫穿地層的熔岩痕跡看起來就像是條蛇，因而有了「龍崎蛇行岩脈」之名。 ③ 與爪木崎俵磯相連的六角柱岩，正如其名鋪滿表面。

TRAVEL
PLAN
033

誕生自火山和海洋
鬼斧神工的風景

南洋的海底火山群由於板塊移動與本州擠壓，約於 60 萬年前形成伊豆半島。由特殊地質組成的半島一帶已被聯合國教科文組織世界地質公園認證。其中，南伊豆聚集了以火山和大海產生的動態景觀為特徵的地質基地。在下田市的惠比須島，則有火山灰和浮石形成的條紋狀地層以及沿著步道湧出的海底土石流等諸多古代海底火山所殘留下來的痕跡。「爪木崎俵磯」的地形有由岩漿冷卻凝固而成的柱狀節理，所構成的幾何圖形十分壯觀。此外尚有海蝕洞頂部坍塌後形成「天窗洞」的龍宮窟、湧出的岩漿上升的痕跡殘留於地層中的「龍崎蛇行岩脈」等，看點無窮。

MAP

| 🌿 | 最佳季節 | 整年 |

南伊豆的年平均氣溫為 16℃左右，全年都適合前往旅遊。下田市的爪木崎有 300 萬株水仙群生，並會於 12 月 20 日～1 月 31 日舉辦「水仙祭」。

| 🔍 | 旅行小要點 |

從伊豆急下田站乘坐東海巴士前往各地質基地均很方便。「龍崎蛇行岩脈」可從妻良港遠望，或是從子浦日和山觀景步道參觀。若參加皮艇行程的話，也可以從海上近距離欣賞。

034

小室山公園的杜鵑

小室山公園のツツジ

靜岡縣／伊東市

滿天通紅的
杜鵑隧道

杜鵑花隧道裡盛開
的是格外鮮紅的「紅霧
島」品種。

1 「杜鵑花隧道」是很受歡迎的攝影地點，能仰望杜鵑花是很特別的觀賞角度。 2 紅色的「伊豆光輝」、粉色的「長頸鹿」、紫色的「豔紫杜鵑」等各種繽紛的品種顏色。 3 從通往休息室的樓梯眺望，精心修剪過的杜鵑花園妮紫媽紅。

TRAVEL
PLAN

034

滿山遍野的杜鵑
十萬株齊放盛開

位於伊豆半島東岸的小室山是一座海拔高度 321 公尺的火山，約於 1 萬 5 千年前噴發形成。位於西麓的小室山公園杜鵑園則是於 3 萬 5 千平方公尺的廣闊土地上種植了約 10 萬株、共 40 種杜鵑花的賞花勝地。在杜鵑花一齊盛開的春天，山坡上像是鋪了一望無際的深紅色地毯，天氣好的話還可以眺望富士山。最吸睛的是，比一般民眾身高還要高大許多的杜鵑樹沿著小路排列延伸的「杜鵑隧道」，漫天盛開著數不清的杜鵑花，一片大紅世界，十分壯觀。

MAP

 最佳季節 4月下旬～5月下旬

最佳觀賞期是 4 月下旬～ 5 月下旬，會配合開花期舉辦「杜鵑祭」。10 月上旬～ 4 月中旬還可一同賞玩相鄰的「椿園」。

旅行小要點

從通往小室山山頂的懸空纜車上眺望的杜鵑花也很漂亮。坐在山頂的咖啡店裡可以騁目富士山、房總半島、伊豆諸島等。位於山腳下的懸空纜車站休息室裡，推薦人人必點的杜鵑花口味冰淇淋。

035

從御坂峠眺望富士山

● 御坂峠からの富士山

山梨縣／富士河口湖町

66 富士山的夕景。富士河口湖町的市區散布開展於河口湖湖畔。

太宰治也眺望過
如畫般的富士山

御坂峠位於連接山梨縣笛吹市和富士河口湖町的縣道途中、海拔約 1520 公尺的山脊之處。自古以來作為富士山的展望點而聞名，葛飾北齋和歌川廣重也在浮世繪中描繪了從這個山頂眺望的景色。從昭和初期開始在御坂峠開店的天下茶屋，因太宰治於此停留了 3 個月左右而聞名。以其體驗為基礎撰寫的短篇小說《富嶽百景》中，太宰治寫下了從這裡望見的富士山「簡直就如同澡堂內的壁畫」之評價。在形成前景的山稜線展開之處，富士山和河口湖的構圖確實絕妙，美到讓人誤以為眼前實景真的就是一幅畫。

MAP

 最佳季節　6～11月

觀賞季節橫跨春天到秋天，秋天還能賞楓，天氣條件俱全的話更能看到雲海。每年 12 月上旬～5 月下旬，縣道禁止通行。

 旅行小要點

天下茶屋的名料理是太宰治也吃過的鱒餺鍋，還能品嘗釜飯、蕎麥麵、甜酒等餐點。2 樓為復刻太宰治當初住宿的房間，是為展示其代表作的初版和照片等的「太宰治文學紀念館」。

036

染上了金黃色的
異國情調街道

金澤太陽丘水杉林蔭大道

◯ 金沢のメタセコイア並木

石川縣／金澤市

👀 老一點的樹齡有 40
年左右，越往重劃區深處的
樹就越年輕。

TRAVEL
PLAN

036

位於住宅區內
彷彿電視劇場景的林蔭大道

座落金澤市東南方的太陽丘是平成時代之後才建造的新城鎮。從 JR 金澤站乘坐巴士約 40 分鐘左右可抵達。沿著該住宅區的主幹道「水杉林蔭大道」，種植了約 450 株水杉，此樹種屬於扁柏科的落葉針葉樹。從黃色到橙色、再逐漸轉為褐色的秋天楓紅，與槭樹和銀杏有著不同的華麗。筆挺的直線、蜿蜒的曲線，太陽丘上長達 1.7 公里的水杉林蔭道上，無論將鏡頭聚焦於何處，都能拍出宛若電視劇場景般的美照。

MAP

🌿 **最佳季節** 11～12月上旬

最合適觀賞紅葉的時節是 11 月中旬～ 12 月上旬。在綠、黃、橙色開始混合的時候，色彩格外豐富。新綠和雪景季節的林蔭樹也很有風情。

🔍 **旅行小要點**

水杉在戰前只發現過化石遺跡，被視為已滅絕品種。中國於 1946 年發現了生長中的現存種，4 年後，美國培育的幼苗送到日本，開始在全國各地普植。

1 太陽丘上的水杉林蔭樹沒有電線杆干擾，給人身處在國外的錯覺。紅葉盛開的水杉林蔭道就像是被燃燒的橙色包圍著。 2 美麗的圓錐樹形是水杉的特徵，更有超過 30 公尺高的大樹。

037

夢之吊橋

○ 夢のつり橋

映照在藍色水面上
峽谷間的橋樑

靜岡縣／川根本町

TRAVEL
PLAN

037

 距離水面有 8 公尺的高度。橋面只有兩塊木板寬，在擦肩而過時得十分小心翼翼才行。

滿溢神祕色彩的湖泊上
圓弧懸掛的吊橋

從山梨縣西部的南阿爾卑斯市流經的大間川和寸又川匯合的地方為大間水庫，位於作為溫泉勝地而聞名的寸又峽的一隅。「夢之吊橋」是架在這個水庫湖上的一座全長 90 公尺的吊橋，相傳是因為這一座橋橫越了鮮豔蔚藍的湖面，風景很夢幻，因而得名。湖水之所以看起來很藍，據說是因為水中的微粒子吸收了波長較長的紅光而造就的景象。吊橋曾經是通往對岸村落的生活道路，然而在已無人居住的今日，因被編入以寸又峽溫泉為基點的散步路線中，頓時搖身而成週末交通大堵塞的超人氣景點。

MAP

🌿 | **最佳季節** | **5、11月**

能深刻感受絕景風情的是 5 月的新綠和 11 月的楓葉季節，想當然耳人潮會很洶湧。冬天日照變短，但因為旅人不多，因此可以獨占吊橋美景。

🔍 | **旅行小要點**

從寸又峽溫泉街步行約 30 分鐘就能抵達吊橋。過橋之後環繞散步路線一周約需 1 小時 30 分鐘。人多混雜之時只開放單向通行，因而即使心生恐懼也無法在橋前返回。若想避開人群的話，建議於清晨 6 點開門後立馬前往。

038

寬闊的名峰懷抱
高山植物的花園

乘鞍岳疊平

乘鞍岳疊平

🔭 能穿越花草地帶的木道已整備維修完成，40分鐘左右就能繞完一圈。

因為從上方往下望的池子形狀像一隻鶴而得名的「鶴池」。

1 從疊平巴士終站步行不久就能抵達。 2 乘鞍岳從 2003 年開始以自然保護為目的限制家用車通行。 3 從疊平出發，單程 1 小時 30 分鐘左右可以登上劍峰山頂。

TRAVEL
PLAN

038

搭公車就能輕鬆抵達
日本阿爾卑斯山的花園

乘鞍岳位於日本北阿爾卑斯山（飛驒山脈）的南端，是長野縣和岐阜縣交界的火山群。以海拔 3026 公尺的劍峰為最高峰，共有 23 座山峰、7 座湖泊、8 大平原組成中部地區最具代表性的名山。作為登山據點的疊平巴士終點站，位居海拔 2702 公尺之處，比富士山的 5 合目（半山腰的位置，海拔 2305 公尺）還要高。眼前廣闊的花園是高山植物的寶庫，珍車、黑百合、花毛茛等妊紫嫣紅的花兒們在短暫的夏季盛開。7 月中旬群生的水仙銀蓮花綻放的白花填滿草原特別地美，運氣好的話，也能遇到被指定為國家天然紀念物的岩雷鳥。

MAP

🌾 最佳季節　　7～10月

從岐阜縣側到疊平的巴士只在 5 月 15 日～ 10 月（長野縣側是 7 月～）運行，在此之外的期間沒有交通工具。即使是夏天，氣溫有時也會低於 10℃。

🔍 旅行小要點

從岐阜縣側可以經由「乘鞍 sky line」（乘鞍スカイライン）、長野縣側可以經由「乘鞍 Eco line」（乘鞍エコーライン）這兩條路線前往疊平。因為不開放家用汽車通行，岐阜縣側可搭乘從平湯溫泉或樸之木平公車總站、長野縣側從乘鞍高原這兩處分別運行的接送巴士。另外，計程車和腳踏車均開放通行。

039
白鳥庭園
● しろとりていえん

飄浮在燈光中
的赤松雪吊

愛知縣／名古屋市

入夜後會點燈，赤松上掛著雪吊的池塘倒影令人醉心不已。

1 懸掛著雪的松樹群再現了揖斐川及長良川之間的千本松原（植有千棵松樹的原野）。 2 在點燈季節，池塘上會有浮燈和燈鶴妝點著。 3 可以逃離名古屋鬧區的喧囂，飽嚐風雅時光。

TRAVEL PLAN

039

仿造木曾川的自然風貌 池泉迴遊式庭園

位於名古屋市熱田區堀川沿岸的白鳥庭園，是東海地區屈指可數的大規模日本庭園。此地直至 1980 年代中期為止都是貯木場，江戶時代主要作為利用木曾川運送木材的集散地而人聲鼎沸。此座庭園是根據前述歷史，以「水的故事」為主題設計的。假山以御嶽山、水流以木曾川、池塘則以伊勢灣為本，從源流到大海的水系表現在池泉迴遊式的庭院裏。在四季各富情趣的園內，為防止松樹樹枝折斷而裝上的雪吊是冬天的風物詩。楓葉季節於入夜後會點燈，可以欣賞到圓錐形的雪吊倒映在水面上的夢幻夜景。

MAP

- - - - - - - - - - - - - - - - - - - -

🌿 **最佳季節** **11～12月**

楓葉點燈將在 11 月中旬～12 月上旬的週末和節日舉行。雪吊工程於 10 月下旬開始安裝，一直設置到 2 月底。

🔍 **旅行小要點**

堀川在江戶時代初期，作為運送名古屋城築城建材的運河，據說是由江戶時代的武將福島正則所開鑿的。隔著河的對岸，有一座白鳥古墳，流傳著神話人物日本武尊變成白鳥降臨此地的傳說。

🔭 櫻花除了能從河邊的
道路眺望之外，也可以在山
腰的散步道上觀賞。

040

華麗爭妍的櫻花和楓紅
覆蓋整片山林

小原的四季櫻

● 小原の四季桜　　　　　　愛知縣／豐田市

TRAVEL
PLAN

040

一年能享受兩次賞花季
日本第一的四季櫻之鄉

被認為是豆櫻和江戶彼岸櫻雜交的四季櫻，不僅是春天，從秋天到冬天都能開花，是一種罕見的櫻花品種。堪稱日本第一種植四季櫻的名勝是豐田市北部山間的小原地區。江戶後期，當地的一名中醫把從名古屋那一帶攜回的小樹種在自家的前山上頭，以此為發端開始在小原當地廣泛種植，現在共有 1 萬株四季櫻爭奇鬥艷。其中，位於村落北部的「川見四季櫻之里」，於小山坡上種植了約 1200 株四季櫻，是小原首屆一指的賞花景點。火紅的楓葉和淡紅色櫻花的豪華競放，是只有在這裡才能看到的罕見美景。

MAP

1 川見四季櫻之里的櫻花盛開，與綺麗楓樹交互輝映。
2 在柿入散步道上，於河邊散步的同時就能邊欣賞四季櫻和楓紅。 3 四季櫻開著接近白色的淡紅色花朵，且秋天會比春天更加絢爛耀眼。

 最佳季節　　**11～12月**

四季櫻於每年 3 月中旬～ 4 月上旬、10 月下旬～ 12 月上旬開花，通常預計於最佳觀賞期舉辦「小原四季櫻節」。

 旅行小要點

小原交流公園、和紙故鄉、川見四季櫻之里等多個櫻花景點散落在小原地區。四季櫻節期間，連接川見四季櫻之里和祭典會場的接送巴士將會運行。從名鐵豐田市站乘坐「豐田 OIDEN 巴士」（おいでんバス）抵達小原約需 1 小時 10 分鐘。11 月下旬的週末，愛知環狀鐵路的八草站也有巴士運行（預定）。

041

能登切子燈籠祭

● 能登キリコ祭り　　　　石川縣／珠洲市、能登町等地

由年輕人扛著切子（KIRIKO）燈籠進入大海的「寶立七夕切子節」（8月的第一個週六／珠洲市）。

高 7 公尺的切子在大火炬周圍狂舞的亂鬧祭（7 月的第一個周五及周六 / 能登町）。

TRAVEL PLAN

041

用火熱激情包圍能登巨大燈籠的夏日祭典

能登切子燈籠祭是能登地方一帶從江戶時代開始持續至今的祭典。每年夏天大約會持續 3 個月，且 6 個市町中總共會有 200 個地區分別舉行祭禮。切子 (KIRIKO) 是指裝置在神轎擔架上的箱型燈籠。各地區不僅會競賽尺寸大小、數量、裝飾等，更創造出了各自獨特的祭儀。在珠洲市的寶立七夕切子節中，高 14 公尺的巨型切子在夜晚的大海中亂舞；在能登町的亂鬧祭（あばれ祭）上，約有 40 座切子沐浴著大火炬的火光到處歡慶。而將能登全域捲入高潮的這些慶典已經以「能登半島舞燈～狂熱的切子 (KIRIKO) 燈籠祭～」之名被指定為日本文化遺產。

MAP

1 在切子神轎上有大人也有小孩，吹著笛子，鳴鑼打鼓。
2 飯田町燈籠山祭（7 月 20、21 日 / 珠洲市）山車巡行是重頭戲。
3 亂鬧祭揭開序幕時，隨著煙火施放，切子燈籠也同時開始遊行。

🌾 **最佳季節** | 7~10 月

祭典活動從 7 月上旬到 10 月中旬，幾乎每週都會在 6 個市町的某一地區舉辦。建議以週末為中心，多加 1 天或 2 天的行程規劃安排。

🔍 **旅行小要點**

位於輪島市海港城 (Marine Town) 的「輪島切子燈籠會館」常設展示了 30 多座切子。親眼見到其中達 4 層樓高的切子會發現比想像中還要巨大，令人吃驚。開館時間為早上 9 點～下午 5 點，無休。

042

INAX 伊奈博物館

● INAXライブミュージアム　　　　　　　　　愛知縣／常滑市

可以近距離觀察高處圓頂天花板的馬賽克鑲嵌紋樣。

TRAVEL PLAN

042

裝飾瓷磚的牆面上
散發著陶瓷的魅力

自古以來窯業即十分盛行的常滑市，是驪住集團 (LIXIL) 創設的衛生陶器品牌「INAX」的創業之地。位於該鎮的 INAX 伊奈博物館是一個以泥土和陶瓷為主題的體驗型文化設施。6 座場館之一的「世界瓷磚博物館」收藏了從西元前到近代約 7000 多件的裝飾瓷磚。在一樓的展示室裡設有一個漂浮著異國情調的空間，一映入眼簾的是再現伊斯蘭圓頂天花板的展示，鑲嵌瓷磚所描繪的幾何圖案簡直是一座裝飾的小宇宙，而用圓錐形的小陶瓷鋪成圖案的古代美索不達米亞裝飾牆，也讓人驚歡於其用心和藝術性。

MAP

1 用 5 萬根釘狀磁磚交織出花紋的美索不達米亞馬賽克牆。 2 17～18 世紀荷蘭瓷磚風格曾受到中國印染瓷器的影響。 3 再現了約 4700 年前在埃及金字塔地下空間使用的最古老瓷磚。 4 博物館的 2 樓按地區分類，展出了世界各國的瓷磚。

🌿 最佳季節　　整年

除了年末、年初以外，全年開放。6 座場館的開館時間為上午 10 點～下午 5 點 (入館時間至下午 4 點 30 分為止)，週三閉館。企劃展和活動資訊請上官網確認。

🔍 旅行小要點

INAX 伊奈博物館由「世界瓷磚博物館」、「陶窯廣場與資料館」、「陶樂工房」、「土泥館」、「製造工房」、「建築陶器起源館」6 座場館組成。「陶窯廣場與資料館」保存大正時代的燒窯，是已登錄於國家有形文化資產的歷史建築，共同入館費於此支付。

043

在深雪山村裡
的大峽谷

津南見玉公園的落石

● 津南見玉公園の石落し　　　新潟縣／津南町

TRAVEL
PLAN

043

露出的柱狀節理地層及伴隨的落石。幾乎和東京鐵塔同等高度。

在河岸上豎立起柱狀節理的巨牆

見玉公園位於以豪雪之地聞名的津南町山谷。該公園的西側是當地有志之士開闢雜木林修建的、隔著中津川溪流聳立著高約 330 公尺的大岩壁。被稱為津南大峽谷的這一帶風景，是中津川經過 30 萬年的歲月侵蝕苗場山熔岩等堆積的地層而產生的。懸崖上的縱向裂縫有規律地刻印在岩壁上，是熔岩冷卻凝固時形成的柱狀節理。到了春天，隨著冰雪融化，岩石塊崩塌並發出轟隆聲響，因此得名「落石」。這一帶被指定為苗場山麓地質公園的地質基地。

MAP

🌿 **最佳季節** 10月下旬～11月上旬

推薦 10 月下旬～ 11 月上旬的楓紅季節。接續見玉地區上游而來的中津川溪谷建議一起安排在行程中，見玉公園冬季並未開放參觀，還請留意。

🔍 **旅行小要點**

在見玉公園附近，有一座留有平家落人傳說的「見玉不動尊」。本尊的不動明王是西元 733 年（天平 5 年）由僧侶行基雕刻的平家守護佛。傳說在壇之浦之戰敗北後，平清盛的家臣落腳於此。

044

光彩交織的
幻想世界

伊豆高原絢彩燈光節

伊豆高原グランイルミ

靜岡縣／伊東市

TRAVEL
PLAN

044

👓 位於高處的「絕景展望台」可以眺望燈海。

1 LED 和燈籠創造出的夢幻景象令人目眩神迷。 2 迎接遊客的是綻放著五顏六色光芒的花及生物們的「造型燈田」。 3 可以在燈飾上漫步的「燈上漫遊」。

600萬顆LED燈
共造雄大的幻想

「伊豆 Granpal Amusement 公園」（伊豆ぐらんぱる公園）是位於伊豆高原並於 1965 年開業的遊樂園。園內從 2015 年開始的「伊豆高原 GRANILLUMI」體驗型燈光秀在全國是數一數二的大規模人氣燈飾，在占地兩座東京巨蛋大的區域內布置了超過 600 萬顆 LED 燈。油菜花田、夢想隧道、燈上漫遊、甜點造型燈籠等，每個區域都有不同主題，能盡情玩賞燈飾的夢幻世界。此外，若再登上高臺，當眼前展開一片廣闊的彩色光點，更加令人感動，也可以體驗園內高空滑索「ZIPLINE」，邊滑翔邊眺望燈飾，創造最難以忘懷的回憶。

MAP

🌿 **最佳季節** **11～8月**

依照年慣例均是從秋天到隔年夏天舉辦，營業時間則根據季節有所更動，建議先在官網上確認。白天可先前往「伊豆仙人掌動物公園」（伊豆シャボテン動物公園）參觀。

🔍 **旅行小要點**

在「伊豆 Granpal Amusement 公園」附近，有一座能接觸來自世界各地約 1500 種的仙人掌和 140 種動物的「伊豆仙人掌動物公園」。人氣不墜的水豚君在露天浴池裡放鬆的模樣，是伊豆冬天的風物詩。

045
越後心動度假列車雪月花
●えちごトキめきリゾート雪月花

越後心動鐵道公司

眺望上越的大山大海
全日本最豪華的『展望列車』

此列車因獨特的命名而令人印象深刻，是由第三部門營運的鐵路（第三セクター鉄道）。主要由長野縣境內的妙高高原站到直江津站之間的「妙高線」和日本海沿岸的「日本海翡翠線」兩條路線組成。「雪月花」奔馳在能一次享受上越妙高站和糸魚川站之間的山海路線上，兩節式車廂罩以日本最大型的防 UV 玻璃車窗，可以眺望生動豐富的自然風光。從車廂本體到內部裝潢、照明、金屬零件……等皆在新瀉製造。列車服務和停靠站的招待也是魅力所在。

1 1 號車以包廂形式設計，內裝以鮮明的越後杉木紋為主題。設有一側面向日本海、另一側面向妙高山的座位，從寬敞的窗戶眺望十分賞心悅目。**2** 餐點提供法式料理及和食，分別由新瀉出身的一流主廚親手製作。照片是以日本料理使用的「重箱」所盛裝的法式套餐。**3** 以妙高山為背景的朱紅色列車。

運行區間
上越妙高站→糸魚川站（午前班次，法餐）
糸魚川站→上越妙高站（午後班次，和食）
※ 冬季特別運行。也提供在糸魚川站→上越妙高站的途中，在高田站或新井站下車觀光的「高田行程」、「新井行程」和能品嘗新鮮海產的「螃蟹行程」等。

所需時間
單程約 2 小時 45 分鐘（冬季約 3 小時）

查詢窗口
越後心動度假列車雪月花　諮詢中心 ☎ 025-543-8988

從不同主題來欣賞話題絕景

SHIN

NIHON

ZEKKEI

046

奈義町現代美術館

⽇ なぎちょうげんだいびじゅつかん

岡山縣／奈義町

俗稱「Nagi MOCA」的美術館。開館前事先委託 4 位藝術家
製作大規模作品，並由建築師磯崎新將作品和建築物一體化，
規劃了由太陽、月亮、大地主題組成的展示空間。

MAP

編按：該主題照片因版權關係無法呈現，歡迎大家
掃描 QR CODE 或上網查詢該美術館實景。

047
自然體感展望台 六甲枝垂

◎ 自然体感展望台 六甲枝垂れ

兵庫縣／神戶市

六甲花園露臺（海拔880公尺）是位於六甲山（海拔931公尺）的展望設施之一。中心是樹幹，覆蓋著展望台的穹頂狀樹枝是以奈良縣吉野產的扁柏為建材。夕陽時分很美。每個季節都會點燈。

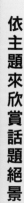
MAP

048
室生山上公園藝術之森

◎ 室生山上公園芸術の森

奈良縣／宇陀市

由來自以色列的世界級雕刻家丹尼・卡拉凡（Dani Karavan）所設計，為結合公共景觀和藝術的一座公園。此處能親近自然與藝術和諧共生為主題的作品，園區內散布著「螺旋水路」等令人印象深刻的公共藝術。

MAP

049

青森縣立美術館

◎ 青森県立美術館
青森縣／青森市

與三內丸山遺跡相鄰，是從遺跡的發掘現場獲得靈感而設計的
獨創性建築。也收藏了棟方志功、寺山修司、奈良美智等青森
出身的藝術家和海外藝術家的作品。奈良美智的「青森犬」是
一座高 8.5 公尺的立體裝置作品。

MAP

編按：該主題照片因版權關係無法呈現，歡迎大家
掃描 QR CODE 或上網查詢該美術館實景。

050

國立新美術館

◎ 国立新美術館
東京都／港區

建築師黑川紀章以「森林中的美術館」為概念而設計的館舍。除了12個展示室和藝術圖書館之外，也有咖啡座。天花板高21.6公尺的大廳中庭，設計以波浪起伏的牆面，而在倒圓錐形柱的最上端是一間餐廳。

MAP

051

松本市美術館

◎ まつもとしびじゅつかん
長野縣／松本市

收藏展示了與松本當地有關的藝術家以及自然山岳的作品。其中，世界級藝術家草間彌生的創作除了常設展之外，還有設置在美術館外的「從松本到未來」（松本から未来へ），以及高約10公尺、寬18公尺的巨大戶外雕刻「幻之華」（幻の華）等。

MAP

YAYOI KUSAMA

如夢似幻的倒影
鏡面世界

鏡面反射是指拍出如鏡子反射般的景色照片。反射倒映在水鏡中的風景，吸引著人們走向神祕而對稱的世界。

052
舊竹林院
● 旧竹林院
滋賀縣／大津市

元里坊位於比叡山山麓，保留著古老街道的阪本町。主屋前面擁有 3300 平方公尺的日本庭園，從主屋的 1 樓和 2 樓，可以欣賞到四季不同的美麗景緻，楓紅時期還會進行點燈活動。

MAP

053 小樽運河
● おたるうんが

MAP

北海道／小樽市

小樽運河是北海道經濟中心、也是繁榮歷史的象徵。沿著全長 1140 公尺的運河，從明治到昭和興建的倉庫牆面綿延，映在鏡子般的水面上。日落後點燈，懷舊感十足。

054 龍王之淵
● 龍王ヶ淵

MAP

奈良縣／宇陀市

位於被稱為「大和富士」的額井岳山腰的小池塘，湖畔邊是供奉著海神之女豐玉姬命的堀越神社。沒有風的日子，周圍的樹木映入眼簾，風景如畫，最合適拜訪的季節是初夏。因為到停車場前須通過附近居民生活的街巷，請務必安全駕駛。

055 父母之濱
● 父母ヶ浜

MAP

香川縣／三豐市

因被稱為「日本的烏尤尼鹽湖」而出名，距瀨戶內海約 1 公里的海岸處。由於海灘平淺，退潮時因潮水漲落而形成潮池，在沒有風的日落前，便有機會出現水面上映著天空和人影的夢幻反射，此處也獲選為「日本夕陽百選」。

056

teamLab Planets TOKYO DMM

● チームラボプラネッツトウキョウ

東京都／江東區

以「潛入水中的博物館並能與百花融為一體的庭園」為概念，共規劃有 4 個作品空間及 2 座庭園。赤腳踏進去時，水面的圖樣和被蘭花包圍的庭園等異想空間就會在眼前開展。

MAP

「teamLab Planets」東京・豐洲© teamLab

057 KAMUY LUMINA

● カムイルミナ

北海道／釧路市

為 MOMENT FACTORY 公司的作品。手拿著「節奏棒」走在阿寒湖畔的森林中，感受夢幻般的光影，並在聲音的引導下聆聽居住在阿寒湖的愛努人故事。舉辦時間為 5 月中旬～11 月中旬（預定），所需時間約為 50 分鐘，路程約 1.2 公里。

MAP

058

東京鐵塔

● 東京タワー

東京都／港區

在東京鐵塔 1 樓的主甲板舉辦，以蒲公英為主題的藝術裝置《DANDELION》，是一個透過將其植樹於世界各地，綻放花朵、祈禱和平的藝術型計畫。體驗者送出蒲公英的綿毛，能經由網路讓其飄落在全世界。

MAP

村松亮太郎 / NAKED『DANDELION PROJECT』

4 自然科学
NATURAL SCIENCE

060

檮原雲上圖書館

ゆすはら雲の上の図書館

高知縣／檮原町

由建築師隈研吾設計的檮原町立圖書館（雲上圖書館）。使用町產的杉樹設計能讓人聯想到森林中無數生長的樹枝。被命名為「檮原伊呂波牆」的長型書架，以及館內設有 5 處海洋堂的立體模型櫥窗，特色十足。

MAP

059

大家之森 岐阜的媒體宇宙
（岐阜市立中央圖書館）

● みんなの森 ぎふメディアコスモス（岐阜市立中央図書館）

岐阜縣／岐阜市

涵括市民活動交流中心、大廳、畫廊等複合文化設施的核心建築。以該縣地產的扁柏所建造的木製格子屋頂以及大型白色球形燈罩，是以最大限度的方式利用自然能源的設計，包括一樓的書庫在內，大約有 53 萬冊藏書。

MAP

061

東洋文庫博物館

● 東洋文庫ミュージアム

東京都／文京區

作為東洋學的研究圖書館，於 1924 年開館，被列為世界五大東洋學研究圖書館之一。收藏了包括 5 件國寶和重要文化財產在內的珍貴書籍，約 100 萬冊的東洋文庫博物館（收費）於 2011 年開業。

MAP

新日本絕景／SHIN NIHON ZEKKEI!!!

這裡真的是日本嗎？
中世紀歐洲風情

雖然身處日本，卻能有誤闖歐洲古老街道
景點的氛圍，形式正規的建築和精心的設
計也同樣備受矚目！

062
湯布院童話村
● 湯布院フローラルヴィレッジ
大分縣／由布市
由布院的主幹道——湯之坪街道再現
了科茲窩風景的小主題公園，有《哈
利波特》、《彼得兔》等與英國名作相
關的商店和咖啡館。

MAP

063
河口湖音樂盒之森美術館
● 河口湖音楽と森の美術館
山梨縣／富士河口湖町

位於眺望河口湖畔富士山之處，是一
座充滿異國風情的娛樂型美術館。在
「風琴禮堂」（Organ Hall，オルガンホ
ール）可以欣賞到世界上最大的舞蹈風
琴（Dance organ）的演奏，另還有音樂
廳、餐廳、玫瑰花園等。

MAP

064 溫暖之森
● ぬくもりの森

靜岡縣／濱松市
建築師佐佐木茂良結合自己的理想及工作，興建了仿造中古世紀歐洲風格的小村莊建築。佇立在樹木之間的建築物是法式創作料理餐廳、商店、義式冰淇淋店等，室內裝飾也十分正統。

MAP

065 鎖心城（Lock Heart Castle）

● ロックハート城
群馬縣／高山村
1829 年建造於蘇格蘭愛丁堡郊外的洛克哈特城復原移建於此，此處作為電影和廣告的取景地也廣為人知，館內展示了珠寶和聖誕老人的收藏，可以一邊瞭望城堡、一邊用餐。

MAP

066
猪苗代花草園 「Umbrella Sky」

● 猪苗代ハーブ園「アンブレラスカイ」

福島縣／猪苗代町

在磐梯高原栽培約 400 種香草的溫室花草園裏舉辦。裝飾著溫室天花板和牆壁的480 把彩傘映在水面上，營造出有如童話般的空間。也可以觀賞到東北最大的九重葛。冬季休園。

MAP

067

冰室神社

⚫ 氷室神社

山梨縣／富士川町

屹立在櫛形山山麓的神社。從兩旁植有
杉樹、最外側的鳥居（一の鳥居）到隨
身門的路途之間，有長達 500 段的石階，
瀰漫著神祕的氛圍。據傳此神社於西元
770 年（寶龜元年）由儀
丹行圓創建，正殿後面
的御神木「大杉」樹齡已
達 1000 年之久。

MAP

068

天理站前廣場CoFuFun

● 天理駅前広場コフフン

奈良縣／天理市

位於分屬 JR 西日本和近鐵鐵道
路線的天理站站前之多功能廣場。以古墓為形
象設計的白色巨大構造物十分引人注目。有露
天舞臺、遊樂設施、餐廳和巨大的蹦床，是市
民交流的場所。

MAP

069

問屋街巨大壁畫

● 問屋街ウォールアート

岐阜縣／岐阜市

位於岐阜站前的纖維批發商街，將已老化的大
樓牆面當作畫布，創作大規模的牆面壁畫藝術。
在寬 130 公尺、高 20 公尺的牆壁上描繪的藍
天白雲具有比利時畫家馬格利特的風格，而小
巷弄裡也有許多創意獨特的壁畫。

MAP

070
白色巨型恐龍

⊕ ホワイトザウルス
福井縣／勝山市
位居恐龍王福井縣的話題攝影景點。在縣立恐龍博物館和眺望遠山的田園風景中，巨型的雪白恐龍現身，晴天時，與藍天相互輝映，十分耀眼。此裝置設於 2017 年，全長 16.9 公尺。

MAP

071
烏賊王

⊕ イカキング
石川縣／能登町
位於日本百景之一「九十九灣」的觀光據點「烏賊站購物中心」前庭，於 2021 年 4 月以當地名產烏賊為主題所設置的巨型裝置。全長 13 公尺、全寬 9 公尺、高 4 公尺，重約 5 噸，透過公開徵名，取名為「烏賊王」。

MAP

072
「幸福鬆餅」
淡路島渡假村

⊕『幸せのパンケーキ』淡路島リゾート
兵庫縣／淡路島
位於淡路島西海岸的度假村。「淡路島 Terrace」是一間可以一邊眺望大海、一邊品嘗鬆餅的咖啡店，在社群網站上很受歡迎，海邊設有「幸福階梯」、「幸福戒指」、「幸福椅子」等適合拍美照的景點。

MAP

回到往日的時光旅行
昭和懷舊

昭和 30 年代（1955～1964 年）是經濟高速增長期的開始，經過半個多世紀的今日已經超越世代，令人懷念。

073
西武園遊樂園

● 西武園ゆうえんち
埼玉縣／所澤市

2021 年 5 月迎來開業 70 周年，能感受 1960 年代充滿昭和時期人情味的設施也更新完成。在此能盡情享受「夕陽之丘商店街」、手塚治蟲作品主題區和「哥斯拉」登場的遊樂設施。

MAP

© TEZUKA PRODUCTIONS

074
飛驒高山復古博物館

● 飛驒高山レトロミュージアム
岐阜縣／高山市

位於飛驒高山傳統街道附近，可以體驗昭和時代文化的博物館。該館再現了昭和 20～50 年代的街道，能夠欣賞當時的海報和各式玩具、體驗傳統日本零食店的小遊戲、復古的柏青哥等，還可以享用學校午餐。

MAP

075 昭和日常博物館

● 昭和日常博物館

愛知縣／北名古屋市

以北名古屋市歷史民俗資料館的昭和相關企劃展為
契機，收集並展示了以昭和時代為主題的文物。以昭和 30 年代為主軸的
特別展《日常生活進入博物館時》是
其館名的由來。踏入館內就能沉浸
在昭和 30 年代的氛圍中。

MAP

076 冰見昭和館

● 氷見昭和館

富山縣／冰見市

館內設有能體驗昭和感的空間、館長繪製肖像畫的
喫茶店以及肖像畫室。1 樓再現了傳
統日本零食店、香菸店、玩具店，還
有黑白電視和矮飯桌的舊民宅。2 樓
則規劃了電器店和相機店等各式店
家的街道。

MAP

大自然創造的奇景
雲海

雲海是指從高處俯瞰雲和濃霧盤據山谷而形成的景觀。輕飄飄的雲海給人恍若置身仙境之感，於早晚溫差大的春秋兩季能觀賞到的機率最高。

077 荒谷山
● あらたにやま

廣島縣／廣島市
位於藝備線井原市站北側，海拔 620 公尺的荒谷山，山頂附近有滑翔機的起點，適合開車前往。周圍環繞著海拔 400 ～ 500 公尺的山巒，可以看到漂浮在雲海中幻化成島嶼的山峰。

MAP

078 野迫川村雲海觀景區
● 野迫川村雲海勝地

奈良縣／野迫川村
在與和歌山縣交界處的野迫川村北部，聳立著世界遺產高野山。雲海觀景區位於縣道 733 號和 53 號的匯合點，是欣賞雲海和大峰山群山中十分別具一格的觀景點。觀賞雲海整年皆可，以早晨 4 ～ 7 點為最佳時機。

MAP

079 三石森林公園
● 三ツ石森林公園

茨城縣／霞浦市

位於霞浦市北部，筑波山系及淺間山的半山腰，海拔 344.6 公尺的自然公園。從「森林小木屋」的露臺上可以眺望市區、霞浦、鹿島工業地區一帶。從秋天到冬天的早晨，能夠欣賞到夢幻雲海。

MAP

080 美之山公園
● 美の山公園

琦玉縣／秩父市、皆野町

橫跨秩父市和皆野町，在海拔 581.5 公尺的蓑山山頂一帶修建過的公園為賞櫻名勝。雲海可以從入口展望台、東展望台、山頂展望台等地眺望。被雲霧繚繞的街道配上繽紛的街燈景象，超級夢幻，此景於春季和秋季欣賞到的機率很高。

MAP

165

看起來像什麼呢？

獨特奇岩景觀

由於地形侵蝕等作用而偶然形成的奇岩。自古以來就被人們所喜愛，是能激發想像力的自然造型美景。

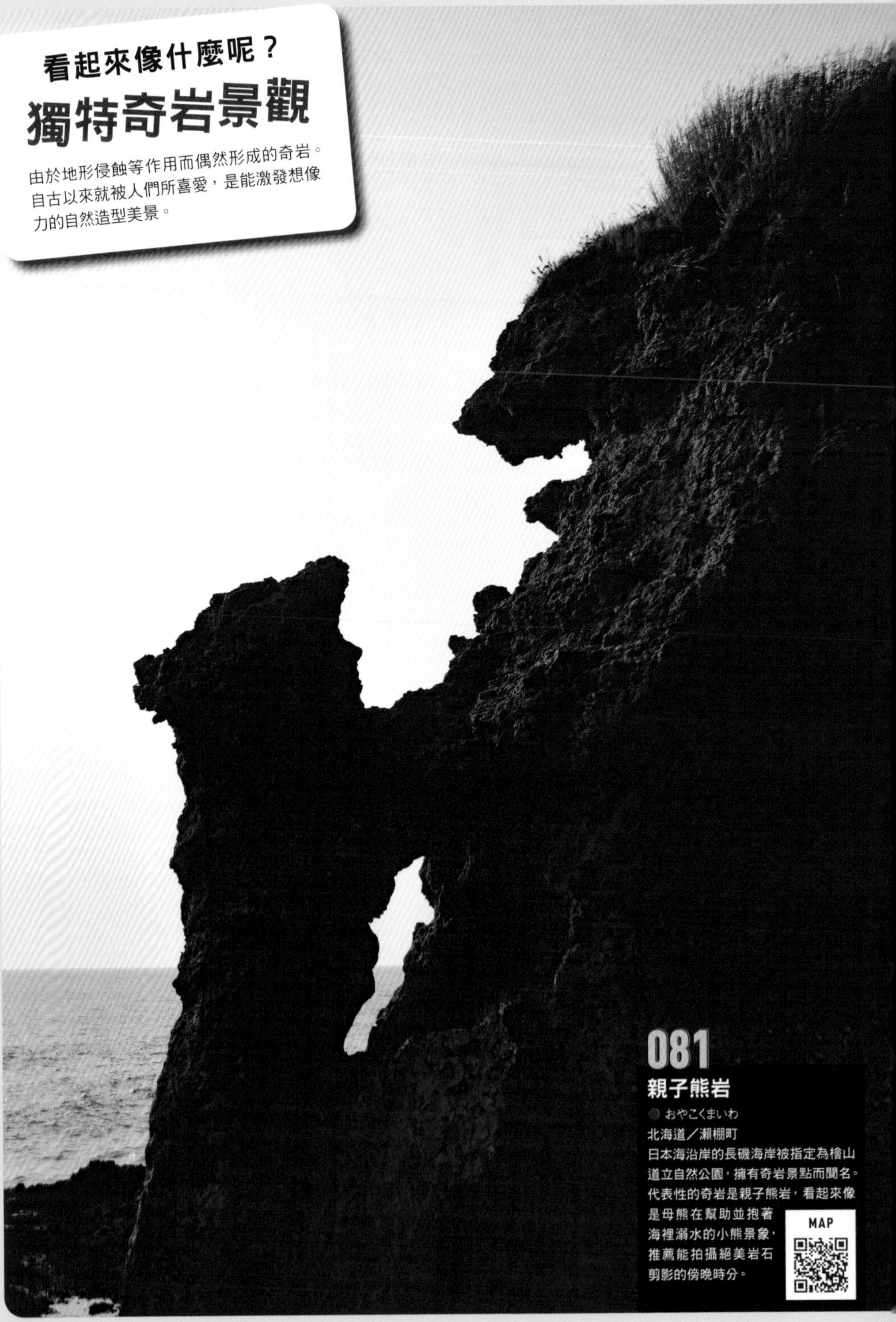

081

親子熊岩

おやこくまいわ

北海道／瀬棚町

日本海沿岸的長磯海岸被指定為檜山道立自然公園，擁有奇岩景點而聞名。代表性的奇岩是親子熊岩，看起來像是母熊在幫助並抱著海裡溺水的小熊景象，推薦能拍攝絕美岩石剪影的傍晚時分。

MAP

082 蛙島
● かえる島

兵庫縣／香美町
作為可以在岩岸遊玩的海水浴場、位於今子浦安山岩的奇岩頗具人氣。據說往昔北前船的船員們為了能夠平安「歸來」（日文為かえる、與青蛙的日文同音）而向岩石祈禱，同時也是一處夕陽絕景景點。

MAP

新日本絕景／SHIN NIHON ZEKKEI!!!

083 大田子海岸（伊吉拉）
● おおたごかいがん（イズら）

靜岡縣／西伊豆町
被選為「日本夕陽百選」的夕陽景點。從夕陽展望台眺望的橙色天空和岩石的輪廓美妙絕倫。結合「伊豆」和「哥吉拉」之名的「伊吉拉」，也被稱為眼鏡岩，春分、秋分前後都能觀賞到火紅晚霞之景。

MAP

084 蜥蜴岩
● トカゲ岩

島根縣／隱岐之島
隱岐諸島是指隱岐群島聯合國教科文組織世界地質公園、蜥蜴岩位於「島後」（隱岐島町），從中谷林道的終點可以抵達展望台，在此就能看見爬在懸崖上、全長 26 公尺的蜥蜴奇岩。

MAP

167

危險又神祕
斷崖之寺

位於無法想像到是如何建造而成的山區，
欲前往參拜也需冒著生命危險。當努力抵
達終點，就能欣賞到懸崖上的絕景。

085

三德山三佛寺（奧院 投入堂）

みとくさんさんぶつじ（おくのいんなげいれどう）

鳥取縣／三朝町

據說是被稱為修驗道（日本自古以來的山岳信
仰）創始者的役行者在三德山山麓建造了此座
佛堂，運用法力將其縮小到手
掌上並扔進懸崖峭壁上的岩窟
裡。欲前往海拔 520 公尺的奧
院 投入堂需攀登險峻的山路。

MAP

086 布引觀音
● ぬのびきかんのん

長野縣／小諸市

不信神佛的老婆婆將洗滌過的織物掛在化身為牛的觀音菩薩的牛角上，牛兒將其引導至善光寺，讓她改邪歸正，此處即為「被牛牽引至善光寺參拜」的傳說所在地。從千曲川沿岸的停車場往上走約 20～30 分鐘，便能從名剎「釋尊寺」境內開始進行參拜。

MAP

087 大福寺（崖觀音）
● だいふくじ（がけかんのん）

千葉縣／館山市

位於大福寺境內船形山的半山腰處的朱漆觀音堂被稱為「崖觀音」。在登上約 100 階的石階後，可以參觀由僧侶行基所雕刻的觀音本尊，高 131 公分的十一面觀世音菩薩也稱為「磨崖佛」（山崖石壁上所刻的佛像之意）。眺望館山灣的風景也很漂亮。

MAP

● おうみがわえき

MAP

新潟縣／柏崎市
從信越本線柏崎站出發只有 2
站之隔，乘車時間 8 分鐘左右；
從長岡站出發約 53 分鐘能抵達。是一座日本
海近在咫尺的車站，背面則是懸崖。中越地震
時成為受災區，以混凝土改建的新站舍於
2008 年落成。

下車後絕景躍然眼前
祕境車站

位於遠離村落的海岸線和深山裏的車站，車
站本體就是攝影景點。眼前就是美麗大海和
湖泊絕景，下車後的景色十分令人期待！

青海川
おうみがわ
Ōmigawa

089
湯野上溫泉站
● ゆのかみおんせんえき

福島縣／下鄉町
位於會津鐵道、也是全國罕見的茅萱
屋頂車站。以 1987 年的國鐵分割民
營化為契機改建為茅草屋頂。此站
是通往大內宿的據點
站，有旅客候車的時
間帶會販售特產，還
可以泡足湯、候車室
內也有地爐。

MAP

090 勝原站
● かどはらえき

福井縣／大野市

連接福井站和九頭龍湖站，位於被暱稱為越美北線的九頭龍線，是一座無人車站。此站只有單線月台，旁邊是三角屋頂的五箇公民館。春季，在鐵路旁種植的桃樹綻放白色和粉色的花朵，非常華麗。

MAP

091 下灘站
● しもなだえき

愛媛縣／伊予市

面向大馬路的無人車站，月臺上蓋有屋棚並放置了藍色長椅。在這裡有一望無際的瀨戶內海景色，天氣好的時候，海天一色，傍晚時分更是美得令人窒息。因為予讚線從中途開始分為兩條，建議乘坐「有愛的伊予灘線」前往。

MAP

依主題來欣賞話題絕景

新日本絕景／SHIN NIHON ZEKKEI!!!

092
奧大井湖上站
● おくおおいこじょうえき

靜岡縣／川根本町

位於由長島水庫建設而成的水庫湖（接岨湖）突出的半島上，屬於大井川鐵道井川線的車站。井川線因為坡度陡，主要運行齒軌列車。架設在半島兩側的鮮紅鐵橋為「奧大井彩虹橋」。

MAP

古老光景
世界遺產之 繩文遺跡

2021 年，以北海道、青森、岩手、秋田的 17 個遺跡為首的「北海道・北東北的繩文遺跡群」，被聯合國教科文組織登錄為世界遺產。

093 三內丸山遺跡
ⓘ さんないまるやまいせき

青森縣／青森市

為繩文時代前期～中期的日本最大村落遺址，這裡發現了約 500 個豎穴建築物遺跡。可以參觀復原後長 32 公尺的大型豎穴建築和高約 15 公尺的掘立柱建築，繩文自由館展示了鑲嵌著 5000 片以上的陶器碎片牆面。

MAP

094 大湯環狀列石
ⓘ おおゆかんじょうれっせき

秋田縣／鹿角市

約為西元 4000 ～ 3500 年前，繩文時代後期的祭祀遺存。直徑最大 52 公尺的萬座環狀列石和最大直徑 44 公尺的野中堂環狀列石兩種，其特徵是雙重環狀。還發現了不可思議的日晷狀組石、掘立柱建築遺跡等。

MAP

095
御所野遺跡
ごしょのいせき

岩手縣／一戶町
約 4500 年前的村落遺跡，規劃為御
所野繩文公園並進行整備，走在東側、
中央、西側的村子裡，可以看到復原
後的豎穴居建築物和
配石遺跡。博物館以
大型螢幕和光雕投影
再現了繩文的村落世
界。

MAP

096　大船遺跡
おおふねいせき

北海道／函館市
位於眺望津輕海峽的南茅部高地，為西元 5500 ～
4000 年前的村落遺址。考古挖掘確
認了豎穴建築、儲藏坑、祭祀和禮儀
的人造土丘（盛土）等遺址群。搭車
10 分鐘的距離可拜訪展示出土文物
的函館市繩文文化交流中心。

MAP

寒冷瞬間就一掃而光
深冬雪祭

只有在寒冬期間才能建造的冰雕建築以及被冷空氣吹拂著的感受，此時舉辦的浪漫冬季活動都讓燈飾更加鮮豔閃耀。

097 津南雪祭
● つなん雪まつり

新潟縣／津南町
津南町是魚沼越光米的產地，也是縣內數一數二的豪雪地區。每年 3 月舉行的「雪祭」，就像泰國、臺灣的天燈節一樣，成千上萬的燈籠會飄浮在冬天的夜空。

MAP

098 東京德國村豪華百萬點燈
● 東京ドイツ村のイルミネーション

千葉縣／袖浦市
以德國田園風景為形象的主題公園。10 月底～3 月下旬舉行的燈節規模很大，光之地畫、彩虹隧道、聲光演出……等，每年都會有別出心裁的主題燈飾登場。

MAP

099　然別湖冰雪之村
● しかりべつ湖コタン

北海道／鹿追町

「Kotan」（コタン）是愛努語中「村落」的意思。造屋時，會從凍結的然別湖切出的冰塊或使用湖水凝固了的雪塊建造冰屋，「冰之BAR」會在湖上營業，另也有露天溫泉可以享受嚴冬期的泡湯樂趣。

MAP

100　東京椿山荘酒店的「森林極光」
● ホテル椿山荘東京「森のオーロラ」

東京都／文京區

於東京椿山荘的廣闊庭園裏所舉辦的冬季活動。閃耀在幽翠池之池面上的是由6面到6層的光影組合而成、如極光般的漸層色，此外，搭配32台立體音響的共同演出雲時間讓人有種像是踏入幻境一般的感受。

MAP

從不同主題來欣賞話題絕景

SHIN
NIHON
ZEKKEI

近畿

在野迫川村有很高的機運可以觀賞到雲海。京都的定番景點也不要錯過。

絕景巡禮！
近畿推薦行程
[3天2夜]

近畿區域
奈良 ■ 京都

奈良的里山風景與豐富的大自然
京都神社寺院與酒藏

賞遊古都奈良的古墳與藝術景點以及梯田、高原、雲海等熱門的自然景觀。京都不只有神社寺院，更有酒藏及滿載歷史感的水路閣可以參觀。租車再搭配電車移動就能達成高效率的旅遊計畫。

第 1 天
▶美好的日本原風景與5月的杜鵑

JR天理站

↓ !! 步行，出站即到

1 天理站前廣場CoFuFun
`藝術廣場`

攝影／太田拓 P.160

車站前以古墳為設計發想的藝術廣場。有各式各樣的設施，如可容納 200 人的古墳造型舞台、小朋友的遊樂器材、餐廳等等。

↓ 🚗 約35分鐘

2 石舞台古墳
`古墳絕景`

前往被稱之為「日本人心之故鄉」的古都明日香村。石舞台古墳是由大約 30 個巨石所堆疊形成的橫穴式石室，據傳是豪門家族的墓地。

↓ 🚗 約2分鐘

3 奧飛鳥梯田
`梯田絕景`

P.192

明日香村的梯田是廣布於飛鳥川周邊的重要文化景觀。有稻渕與阪田等四個區的梯田，也可以從展望台遠眺。

↓ 🚗 約30分鐘

4 葛城高原
`賞花絕景`

P.204

建議務必於 5 月上旬～中旬時，前往葛城高原欣賞山坡斜面上呈現如火燃燒般的大紅色杜鵑花。秋季時則是一整片的芒草原。

↓ 🚗 約1小時30分鐘

住宿於野迫川村

第**2**天
▶被雲海與高原的大自然景色療癒

5 野迫川村雲海觀景區

雲海絕景

一同早起去看雲海吧！野迫川村的雲海通年都有機會欣賞，運氣好的話可以同時見到雲海與山巒共構如畫般的景致。

P.164

 🚗 約2小時15分鐘

6 曾爾高原

自然景觀

行駛於山間小路，穿越吉野町前往曾爾村。距離高原入口約15分鐘的路程可以抵達中心位置，如果再沿著山坡攀行約15分鐘，就能一覽寬闊無垠的草原。

P.202

🚗 約35分鐘

7 室生山上公園藝術之森

現代藝術

沿著小溪的彎曲小徑會出現結合藝術與公園的藝術空間。時間充裕的話也推薦前往被指定為國寶的室生寺參觀。

P.147

🚗 約20分鐘

8 龍王之淵

自然景觀

同樣是位於宇陀市內充滿神祕感的小池塘。無風的日子可以看到很美的鏡面反射倒影。接著回到天理站，歸還租借的汽車後，往京都前進。

P.151

🚗 約30分鐘

JR天理站

🚃 約1小時

JR京都站　　　　住宿於京都

第**3**天
▶在京都的神社寺院與酒藏漫步

JR京都站

🚃 約25分鐘　🚌 約8分鐘　👣 約40分鐘

9 柳谷觀音 楊谷寺

社寺絕景

點綴著寺內色彩的花與葉片漂浮在花手水之上，是在女性之間擁有高討論度的花之寺。離車站有些距離，回程建議搭乘計程車。

P.186

 🚗 約15分鐘

10 伏見酒藏

古樸街道

作為伏見城下町而繁榮發展的伏見，有很多歷史悠久的酒藏。漫步在別具風情的小鎮街道中，可以在月桂冠大倉紀念館內感受歷史，也有初榨的日本酒提供試喝。

P.188

🚃 約40分鐘　👣 約15分鐘

11 二寧坂／產寧坂

古樸街道

於京都的定番景點「清水寺」參道的兩條坡道上漫步。一邊逛著兩側林立的店家、一邊朝著祇園的方向前進。

 🚗 約15分鐘

12 南禪寺水路閣

歷史遺產

水路閣是明治時期為了將琵琶湖湖水引至鴨川所建造的。回程可以從東西線蹴上站搭到烏丸線，再轉乘往JR京都站。

P.180

 👣 約10分鐘　🚃 約30分鐘

JR京都站

101
南禪寺水路閣
なんぜんじすいろかく

闡述京都近代化
的珍貴古蹟

京都府／京都市

水路閣由充滿懷舊復古感的紅磚與花崗岩所建造，寬 4 公尺，高 9 公尺，全長 93.2 公尺。

站在水路閣正下方時，會看到連續排列的拱型紅磚呈現如鏡像反射般的景色。

TRAVEL
PLAN
101

代表京都
明治維新的歷史遺跡

南禪寺是臨濟宗南禪寺派的總寺，以作為日本第一的最高規格禪寺為傲。其境內的水路閣是為了將滋賀縣琵琶湖引水至鴨川的一大水利工程 —— 琵琶湖疏水（水路），作為分流的水路橋完成於西元 1888 年。負責設計的是建立日本近代土木工程學基礎的田邊朔郎先生。也由於水路通過寺院的境內，為了不要破壞周邊景觀，集結了當時建築技術的精華築造而成。雖然有似於古羅馬水道橋般、屬於西洋建築的拱形橋墩，卻也完美地與氛圍寧靜的東山地區風景融合為一。更多次登場於日劇及電影中，是著名的外拍景點。

MAP

1 外觀是覆滿青苔的石造西洋建築物，卻也和富有歷史並滿載和式氛圍的南禪寺巧妙融合。 2 由紅磚砌成的橋墩，讓人著迷於其建造出的拱門造型，同時具備了堅固與機能性之美。 3 沿著水路閣兩側的遊客步道，越往上走，水路便漸漸露出，能看到來自琵琶湖每秒 2 頓水流的流動樣貌。而在水路兩側的步道會隨著不同季節綻放花卉，是極具人氣的散步路線。

最佳季節　11月下旬～12月上旬

雖然從新綠到初夏時節也很漂亮，但是特別推薦楓紅季節。不過由於賞楓時期人多擁擠，如果希望能愜意地拍照，建議一大早就出發前往。

旅行小要點

南禪寺可說是京都三大三門之一，是京都首屈一指的觀光景點。有可以眺望京都市街景、高 22 公尺的三門，也推薦一併參觀據傳是由小堀遠州先生所規劃的國寶級方丈庭園及以狩野派風格繪製的日式拉門。

如戲劇般
魅惑人心的紅葉

102
京都楓紅
● きょうとのこうよう　京都府／京都市、長岡京市

在琉璃光院的鏡面倒映出的
紅葉，亦被稱作「魔幻楓紅」，任
何人見到都會震懾到說不出話來。

映照在大澤池水面上的朱紅色塔與紅葉的對比，能感受到獨特的日本美學。

2

1 京都市左京區的大覺寺賞楓於11月中旬開始。在「楓葉隧道」或是大澤池周圍等都有很多的紅葉景觀，也會舉辦夜間點燈活動。

2 長岡京市的柳谷觀音楊谷寺是賞楓的私房景點。楓葉季境內有六座的花手水，色彩繽紛的葉片將寺內妝點得十分迷人。

3 位於長岡京市山間的光明寺，以「紅葉參道」聞名。最佳探訪時間為12月上旬，可以看到落葉鋪成絨毯般的景象。

TRAVEL
PLAN

102

藉夜間點燈與特別參拜時節欣賞絢爛紅葉

隨著四季更迭能盡享不同風情的古都京都，在平安時代，貴族們盛行以賞楓的名義參訪紅葉名勝，也會在宅邸種植楓樹。不知是否因為如此，沿著東山、北山、西山的山邊或是比叡山的山腳下，在大原區域保有山間風景的神社寺院均擁有多不勝數的楓紅景點。最佳觀賞時期為 11 月上旬～12 月上旬，在此期間多數的神社寺院會舉行秋季的特別參拜活動，像是期間限定的特別公開（琉璃光院等），又或是夢幻的紅葉夜間點燈（大覺寺等），讓楓紅之美更具戲劇性的登場效果，這也是只有在京都才能感受到的魅力。並且，不僅是大自然之美，連同大和民族特具的雅趣及日本造型美都能親身體驗。

MAP

 | 最佳季節 | 11月上旬～12月上旬

京都的楓紅之所以漂亮，是因為有十多種的日本楓樹（Acer palmatum）。葉片會隨著氣溫下降產生顏色的變化，先由綠色轉為黃色，接著變為如同燃燒般的火紅色。

 | 旅行小要點

楓葉會從海拔比較高的地方開始轉紅。京都觀光案內所的官方網站在每年 10 月下旬開始都會發布「紅葉通信」提供參考。由於必訪經典景點肯定相當擁擠，建議避開假日，選擇於平日前往。

在富有風情的小鎮中
酒藏林立

103
伏見地區的酒藏

● ふしみのさかぐら　　　京都府／京都市

時光彷彿倒流至江戶時代，擁有極富歷史風情的景致。

189

從伏見城的城下町
變身日本最出色的造酒地

位於京都市東南部的伏見，過去是豐臣秀吉所築之伏見城的城下町，伴隨著繁華歷史，留有門前町（在神社、佛寺等宗教建築周邊所形成的城鎮聚落）、港町等風情滿盈之地。另外，再加上擁有品質相當高的地下水「伏水」所帶來的恩惠，從安土桃山時代開始便以日本首屈一指的造酒地聞名。以開業約 380 餘年的月桂冠領頭，在明治時期陸續有多家酒造公司創建，現今仍持續釀造美酒並營運著。散步在橫跨江戶到昭和時代的酒藏與歷史建物座落各處的伏見地區時，懷舊氛圍盪漾。在月桂冠大倉紀念館能學習釀酒歷史，另外也有許多可以品飲美酒的店家。

MAP

1 1791 年創業的松本酒造，其建築由紅磚打造出倉庫與煙囪，十分吸睛，更被指定為京都市歷史性設計建築物，也被登錄為近代化產業遺產。 2 十石舟的航運路線是吉野櫻的著名景點，賞櫻時期遊人如織，相當熱鬧。 3 同為近代化產業遺產的月桂冠大倉紀念館。屋簷處掛著大眾熟知的杉玉（日本自古以來的酒藏標記）。

 最佳季節　4～12月

雖然是一整年都適合前往遊玩，但特別於 4 月時可以賞櫻，5 月新綠綻放，6 月有繡球花，11 ～ 12 月上旬則有楓紅，豐富的自然景觀為城鎮添上各式色彩。

 旅行小要點

江戶時代，使用了十石舟運送京都伏見與大阪間的物資以及旅客。而重現屋形船樣式的遊船上則有介紹伏見歷史與景點的導覽員。搭乘遊船巡遊的視角也非常漂亮。

農村的原生風景
與古老遺跡的共存

104
奧飛鳥梯田
おくあすかのたなだ

奈良縣／明日香村

接續著阪田聚落到稻渕聚落的區域，平緩坡面上散布著大大小小的梯田。

斜坡上連綿的梯田帶來千變萬化的景色

明日香村是從 7 世紀初、正值建立「日本」國家基礎的飛鳥時代所興起的，十分具有歷史性意義。充分利用豐沛的大自然積極栽種稻米，散布的四個梯田在每個季節都呈現美麗的樣貌。入選「日本梯田百選」中的「稻渕聚落」，能俯瞰寬廣的水田與旱田；緊鄰著的是「阪田聚落」，其特徵是有陡峭的坡，眺望畝傍山與眼前的梯田堪稱絕景。「上聚落」則是有著錯綜複雜橫跨群山的梯田，是能眺望到遠方連綿的群山與夕陽的觀景勝地。而前往上梯田途中會經過「細川梯田」，當夕陽餘暉映射在水面上時交織成完美的漸層，作為「夕照梯田」的景點負有盛名。

MAP

 最佳季節 　6～9月

6 月的水稻種植季節，水面鏡像倒影形成了如夢幻般的景緻。而在稻穗成熟後，帶著綠意的夏季也很漂亮。稻渕的「彼岸花祭」與「稻草人大賽」則於 9 月中旬舉辦。

旅行小要點

明日香村也有不少歷史古墳與石造建築，建議一併安排遊覽。阪田聚落則有「都塚古墳」，距離上方的絕景景點不遠處有一「忽那石」（くつな石，蛇的古語），是傳說中有名的神明寄宿之石。

105

環繞在鈴鹿山上
枝垂梅的鬥色爭妍

鈴鹿之森庭園的枝垂梅

すずかのもりていえんのしだれうめ

三重縣／鈴鹿市

從梅樹頂端往下，花朵多層次地交錯著，垂枝的樣貌相當壯麗。

精湛的工匠技藝
百花繚繞的春天景色

鈴鹿之森庭園是一個以推廣與傳承日本枝垂梅為目的而經營的研究型栽培農園。在這裡充分利用了傳統園藝的植栽技術，培育了大約 200 棵珍貴的梅樹。以鈴鹿山脈作為背景，5 公尺高的梅樹會隨著春天到訪之際盛開花朵，山丘的每一面染上絢爛華麗的深淡紅色光景，美到令人窒息。以排列著優雅的花色與樹木形狀著稱的「吳服枝垂」為主，是珍貴且知名的八重梅，其中也有樹齡超越百年之久的老樹。據說枝垂梅開花至少要等待 10 年，更需憑藉著職人的技術，一枝一葉細心修剪與栽種才能生長。

MAP

🌿 **最佳季節** **3月上旬**

只於期間限定的 2 月下旬～3 月中旬開花時期對外開放。開放期間也會舉行夜間點燈與「枝垂梅祭」。

🔍 **旅行小要點**

花期結束後的修剪作業同樣開放參觀。三重縣有很多像是「員弁市農業公園」（いなべ市，Inabe Shi）的知名梅花景點，能一邊感受春天的到訪、一邊享受賞梅之旅。另外人氣的觀光景點如伊勢神宮或是熊野古道也建議一同參訪。

無數從天花板上垂下並閃耀著的大大小小佛教裝飾，營造出莊嚴而幽玄的氛圍。

佛教美術創造出的
驚豔空間

106
名古山靈苑佛舍利塔

なごやまれいえんぶっしゃりとう　　兵庫縣／姬路市

名古山靈苑佛舎利塔／近畿

197

眺望著燈火通明的佛舍利塔，給人一種來到異國他鄉的錯覺。

TRAVEL PLAN

106

開展於佛舍利塔內部 絢麗奪目的佛教世界

以西元 1954 年（昭和 29 年）印度尼赫魯總理贈送佛舍利給姬路市為契機，建造了名古山靈苑。中心聳立著高達 38 公尺的佛舍利塔，並與六座連立式的半圓式小塔並列著。佛舍利殿的內部設有供奉佛舍利的佛壇，天蓋周圍飄浮著優雅的鳳凰、雲中觀音、釋迦三尊和十大弟子的立像。而下方還裝飾著繪製釋迦牟尼佛一生的「釋迦一代記全十場面」，是一幅絢麗奪目的鑲嵌畫作。最下層則是在日本推廣佛教各教派祖師的佛像，也安放了寫實雕塑的菩薩立像。是一個讓人想要一探究竟、能與美術館相提並論的佛教藝術寶庫。

MAP

1 日本多以五重塔或是三重塔建設佛舍利塔，而此處的圓頂式則是參照印度的佛塔所建，總面積 29 萬 4000 平方公尺的靈苑內還設有香爐堂及骨灰堂等空間。 2 塔內屋頂有 27 公尺高。中央閃耀著以蓮花花瓣為原型、直徑 3.5 公尺的圓頂天蓋。 3 從噴水池眺望佛舍利塔。

🌾 **最佳季節** 4〜12月

如果想要漫步在以丘陵地形為主的寬廣園內，於櫻花與杜鵑花的春天、新綠色的夏天、整排楓樹或是銀杏大道的秋天到訪，均是能被豐富大自然所療癒的季節。

🔍 **旅行小要點**

從園內眺望到的景色是被選為「世界遺產姬路城十景」的其中一景。姬路城環繞在聳立著天守閣的姬山與西之丸所在的鷺山，左側的男山、右側的景福寺山及旁邊小山群，更顯現出其雄偉之美，是非看不可的美景。

107
田原海霧
たはらのうみぎり

眾神國度「熊野」
的冬季風物詩

和歌山縣／串本町

被金黃燦燦的曙色包覆
海霧與奇岩的絕妙風景

在世界遺產中聞名邐邐的熊野古道，也可以說是日本人朝聖的起點。熊野三山的參道被視為自古以來對瀑布與巨石崇拜的「自然崇拜」之起源，是療癒與喚醒人們內心的「復甦之地」（よみがえりの地），直至今日也有很多人會特地前往。田原的海霧則是在田原海岸所發生的自然現象，在 JR 古座站到紀伊浦神站之間，位於翻越清水峠的大邊路、也是熊野古道路線的中途。由於輻射冷卻效應，堆積在田原川上游的薄霧隨著河川下沉而不斷增厚，當到達大海海口時，聚集成為濃霧並噴散而出，將海上的奇岩包裹圍繞，太陽從飄逸的海霧中升起，瞬間就將眼所及的景色都染上了金黃色彩，就好似神明寄宿於此的奇幻樣貌。

MAP

 被日出朝霞渲染的海霧，大約會持續一小時左右。在晨曦初照的時間點是最美的。

🌾 最佳季節　12月末〜2月

需要在前一天是雨天且半夜氣溫下降、無風等等的氣象條件都齊全時，才能在日出時觀賞到。一年大約出現 4 〜 5 次，也曾有過更加頻繁出現的紀錄。

🔍 旅行小要點

很幸運地欣賞到霧雲之後，於大邊路的清水峠漫步也十分令人心曠神怡。清水峠是類似古道的山路，屬於上下坡度較為平緩的路線，行程結束前，建議邊俯瞰著海港邊往下走，便能抵達終點紀伊浦神車站。

108
曾爾高原
そにこうげん

如畫卷般的
高原全景

奈良縣／曾爾村

👀 從曾爾高原入口走到
高原中心位置大約需要 10
分鐘，中央有一個龜池。

从標高 810 公尺的龜山峠可以看到綠色絨毯一片天高地闊的風光。

TRAVEL
PLAN

108

踏在綠色的絨毯上
舒爽的高原遠足

曾爾高原寬廣綿延於日本三百名山之一、標高 1038 公尺的俱留尊山上，與標高 849 公尺的草原所覆蓋的龜山西側，面積大約 40 萬平方公尺。春天會舉行燒山儀式，夏天時整片生長成漂亮的青綠色，高原樣貌的壯麗風景能盡收眼底。無邊無際的藍天與飄動的雲、和緩的綠色大地與山群交織成如牧歌般的光景中，設置有健行步道，繞一圈大約需要 2 ～ 3 小時。芒草的花穗隨風搖曳，沐浴在閃耀著金色光輝的秋季風情中也很受大眾喜愛。高原的中心有著一個流傳著大蛇傳說的龜池，還生長著細稈羊鬍子草 (Eriophorum gracile) 等稀有濕地植物。

MAP

 最佳季節　5～11月

5 ～ 9 月是綠色的高原，10 ～ 11 月則是芒草之鄉，會有相當多的遊客到訪。9 月中旬～ 11 月中旬會以燈籠裝飾並進行「點山燈」活動。

 旅行小要點

曾爾村已加入日本的「最美村莊聯合會」。「曾爾高原溫泉 龜之湯」有著碳酸氫鈉溫泉的美人湯之稱，當地有視野絕佳的露天溫泉以及能享受在地料理的餐廳。

109

葛城高原的杜鵑

かつらぎこうげんのツツジ　　奈良縣／御所市

披覆飛紅色外衣的
杜鵑花花海

👀 由半山腰望向山頂，整片山頭都被杜鵑花染上大紅色。

預告春天的到訪
山頭整片的紅色模樣

標高約 960 公尺的葛城山，山頂附近形成的高原可以 360 度遠望到大阪平原。半山腰有被稱為能「一目百萬本」（一眼百萬枝之意）的「葛城山自然杜鵑花園」。一到 5 月中旬會一齊綻放的花朵，讓整片山頭覆蓋著滿滿的映山紅色，真是美不勝收。以山躑躅（杜鵑花古稱）為主，有丁香杜鵑、都躑躅等色彩繽紛又豔麗地爭相綻放。一邊享受杜鵑花並從山頂遠望、一邊漫步於山間步道，又或是潛入杜鵑花隧道中仰望，一起從各式各樣的視角欣賞吧！如果投宿於葛城高原，當末班纜車結束後，便能盡情觀賞靜謐無人的花景。

MAP

1 半山腰是最多杜鵑花叢生的景點。藉由保育與維護野生的杜鵑花，而形成現在的景色。 2 享受從山頂遙望遠方的群山藍天與眼前像是燃燒般染紅的杜鵑花景色之對比。 3 沿著杜鵑花隧道散步至山腳下。再從山腳下往上方欣賞杜鵑花也是很新奇的體驗。

🌿 **最佳季節** **5月中旬**

5 月中旬的杜鵑花花季是最推薦的。夏天綠意環繞，秋天有芒草或是山花野草，冬天則有樹冰或霧冰，一年四季都可以享受到景物變幻的模樣。

🔍 **旅行小要點**

從葛城纜車山上站開始徒步約 15 分鐘左右，設有「國民宿舍 葛城高原小屋」，可以在一日來回的旅途中利用。漫步後先泡個澡、流個汗，再於餐廳享用當地的名物鴨肉鍋就會很完美。一旁緊鄰的是露營地。

110

星田園地「星之鞦韆」

ほしだ園地　星のブランコ

大阪府／交野市

🔭橫跨在溪谷上方的吊橋，像是飄浮在空中一般。

206

全長 280 公尺，當漫步在日本最大的吊橋上時，還能邊眺望楓紅樹海。

TRAVEL PLAN

110

體驗在大自然中
讓人興奮滿點的空中散步

大阪府的「民之森 星田園地」約是 22 個東京巨蛋、占地 100 公頃的廣闊自然公園。從輕鬆好走、到適合健走的各式步行路線均有，也有正規的攀岩牆、展望台等等。最吸睛的是日本國內最大規模的木製甲板步行者專用吊橋──「星之鞦韆」，全長 280 公尺，離地面最高處為 50 公尺，從橋上俯瞰眼前的森林景觀超級開闊，不論是春天的新綠或是秋天的楓紅等等，可以隨著春去冬來的四季交替享受在空中漫步的美景。而從星之鞦韆開始徒步約 15 分鐘的地方則有展望台，可以眺望到搭建於山谷間的星之鞦韆，晴空朗朗之日則可以遠望比叡山至北攝的群山以及京都市街的廣闊全景。

MAP

最佳季節　11月下旬～12月上旬

這裡是賞楓的知名景點，在秋晴之日漫步於空中，就像是體驗了在無限寬闊的紅葉絨毯上行走的感覺。

旅行小要點

因為包含了未設置步行路線的山路，請著用運動鞋等不易滑倒的鞋子前往。另設有高度約 16.5 公尺、也是關西地區最大規模的攀岩牆，若想要體驗需事先參加攀岩課程。

111
天橋立
あまのはしだて

京都府／宮津市

從遠古時代開始
就收服人心的造形之美

👀 從天橋立 VIEW LAND 俯瞰松樹與沙灘以及家家戶戶全都被白雪覆蓋的冬之天橋立。

在整排的松樹林中設有步道可以走到白沙灘上。靠近一點就能看見清澈漂亮的大海。

TRAVEL PLAN

111

猶如飛龍昇天 神祕的能量景點

日本三景之一、位於京都府北部的天橋立，是一個將宮津灣與阿蘇海（內海）南北分隔，全長約 3.6 公里的沙洲。寬約 20～170 公尺的沙洲上大約 5000 棵松樹茂密生長，與碧藍大海相互作用而演變形成意料之外的天然地形美。雖然從展望台遠眺就已經美炸，但也可以徒步、騎自行車或是搭乘觀光船等透過各種視角探訪，更是其魅力所在。也因為是橫跨數千年歲月所形成的自然產物，在自古以來的歌謠與神話中都被喻為是昇天的飛龍，也如同連結天地之間的橋樑。雖然不管什麼時節都很漂亮，但雪景特別讓人印象深刻，此時松樹的每一枝葉都被白雪覆蓋，宛如在深淵中飛躍的白龍，發散著一種夢幻般的氣息。

MAP

最佳季節 　整年

隨著四季流轉，一整年都很推薦拜訪。若想要享受雪景，建議在 12 月中旬～1 月的豪雪季之後前往；若欲踏浪玩水，7～8 月的暑假期間也很有人氣。

旅行小要點

附近有旅宿、酒藏、戶外活動等的觀光與體驗設施，一整年都可以恣意享受。在能欣賞雪景的季節，以螃蟹、鰤魚等當季味覺饗宴為目的而到訪的人潮也絡繹不絕。

從 VIEW LAND 飛龍觀展望台往南方遠望，這裡還是「從跨下窺看」天龍降臨的知名展望地點。

一年比一年更為極致
日本最大級的光之祭典

名花之里的夢幻燈海

● なばなのさとイルミネーション　　　三重縣／桑名市

TRAVEL
PLAN

112

此為 2021～2022 年的主會場——「雪海」，燈飾與霧氣營造出似幻似真的妙境。

運用最先進的技術
超逼真臨場感的光之藝術

在日本最大級的花卉主題公園「花卉廣場」或稱「秋海棠庭園」的「名花之里」所舉辦的冬季燈海活動。閃耀的 LED 燈與最先進的程式設計技術演繹出夢幻的世界。每年都會更換的主會場燈飾也特別受到矚目，具備動態有力的規模與最卓越的品質；其他像是每年都有的「光之隧道」，仿造花瓣形狀的溫暖光輝帶出無限延伸的浪漫。另外還有高約 20 公尺的雪松，像是閃耀著光輝的「雙子樹」般，也同為人氣景點。來到這裡，縱使只是眺望著「水上燈飾」，也能體會到仿佛置身於大自然中的感受。

MAP

 最佳季節 **10月下旬～5月**

燈海活動在每年的 10 月下旬～ 5 月底舉辦。最棒的是由於春天園區內可賞梅和櫻花、加上秋天的楓紅，能夠一併享受夜間點燈活動的話就很完美。

旅行小要點

在園區內占地大約 1 萬 3000 坪的「花卉廣場」，隨著四季變幻，滿園都是花花綠綠之美，還有可以觀賞到像是秋海棠等來自世界各國的花卉，更有日本國內最大規模的溫室「秋海棠庭園」，一整天都能夠開心玩耍。

搭配裝飾在車窗上的田園景色，眺望著日本海享用美食

113
丹後黑松號
●たんごくろまつごう

京都丹後鐵道（WILLER TRAINS 株式會社）

① 在靠日本海並被稱為「海之京都」的天橋立海域行駛的漆黑車輛。採用金色線條與象徵的黑松作為設計元素。 ② 依據運行區間的不同而備有量身打造的菜單。照片是丹後地魚套餐，是以天地山海為主題的懷石料理。 ③ 車廂內裝可以感受到木頭帶來的溫度感，設置有四人桌與兩人桌。

「丹後黑松號」是以京都北部的福知山車站到日本三景之一的天橋立為據點，並以天橋立車站為中心路線所運行的餐廳列車。另外，以天橋立的代表象徵——白砂青松的松樹作為主題，亦有不同內裝的觀光列車——「丹後赤松號」、「丹後青松號」。車輛設計是出自於活躍在建築與鐵道車輛設計領域的水戶岡銳治大師之手。「丹後黑松號」採用天然木裝，給人沉穩的設計感。可以一邊眺望窗外風景、一邊享用以當地豐富食材烹調的料理。

運行區間與所需時間

福知山站→天橋立站（森林朝時套餐行程 約1小時30分鐘）
天橋立站→西舞鶴站（丹後地魚套餐行程 約1小時45分鐘）
西舞鶴站→天橋立站（期待的地酒品飲／甜點套餐行程 約1小時）
※2022年4月～9月的套餐行程。

查詢窗口

WILLER TRAVEL 預約中心 ☎ 0570-200-770

中國／四國

在鳥取砂丘上可以享受騎乘駱駝等各式活動的樂趣。

絕景巡禮！
中國／四國推薦行程
[2天1夜]

四國區域　　　　　　　　愛媛→高知

深深被四國的大自然感動
還有不可錯過的人氣車站和圖書館！

從愛媛前往高知，沿著四國西側輕快兜風！平靜的瀨戶內海、雄偉的四萬十川、山中的甌穴群、震撼視覺的仁淀藍，還有夢幻般的洞窟，可以盡享山、海、川的絕景景點。

第 1 天
▶從話題車站前往四萬十川

松山機場
↓ 🚗 約45分鐘

1 下灘站　　　　　　　車站絕景

下灘站位於伊予市雙海町的 JR 予讚線上，作為從月臺就能看見大海的祕境車站而在社群媒體上爆紅。是一座木造的無人車站，很有味道。
P.171

↓ 🚗 約2小時

2 勝間沉下橋　　　　　　橋梁絕景

從愛媛南下到高知，前往四萬十川。沉下橋沒有護欄，如同一般道路。主流和支流合計共有 48 座沉下橋。
P.238

↓ 🚗 約20分鐘

住宿於四萬十

第 2 天
▶仁淀藍和五彩繽紛的地下空間

四萬十
↓ 🚗 約1小時45分

3 檮原雲上圖書館　　　　圖書館

位於深山的檮原町擁有 6 座建築家隈研吾設計的建築，此為其中一座。館內大量使用當地種植的樹木，給人彷若置身森林裡的錯覺。
P.154

↓ 🚗 約25分鐘

4 八釜之甌穴群　　　　自然景觀

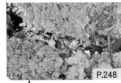

穿過四國山地，沿著高野本川北上。把車停在縣道旁，順著坡度陡的遊步道走大約 20 分鐘即能抵達，是充滿動態感的自然景觀。
P.248

↓ 🚗 約1小時10分鐘

5 仁淀川（笑淵）　　　　自然景觀

以擁有全國第一的水質自豪，美麗的藍色被稱為仁淀藍。笑淵為人氣景點，因為須沿著長長的階梯往下走，一定要小心，避免滑倒。
P.218

↓ 🚗 約1小時25分鐘

6 龍河洞　　　　　　　洞窟絕景

龍河洞是日本三大鐘乳洞之一，聲光搭配共演營造出夢幻般的空間。在導遊的帶領下可以前往洞窟內探險。
P.242

↓ 🚗 約20分鐘

高知龍馬機場

中國區域

邊遊賞不容錯過的王道景點

邊往牡丹園和出雲的能量景點出發

巡遊從鳥取到島根的人氣景點。最佳到訪季節是可以欣賞由志園牡丹池的4月中旬～5月上旬，包括出雲大社等能量景點在內，整年都能參訪。這是一條看點滿滿的路線。

第 1 天

▶沙丘漫步以及投入堂的登山參拜

鳥取機場

🚗 約10分鐘

1 鳥取砂丘 砂丘絕景

建議停留 **1** 小時

首先前往的是代表鳥取的觀光名勝。先到遊客中心拿取地圖，就能開始漫步砂丘。登上「馬之背」小高丘後可以眺望藍色的日本海。夏季務必做好預防中暑措施。

🚗 約55分鐘

2 三德山三佛寺（奧院 投入堂） 山崖古寺

參拜登山所需時間 **2** 小時

國寶「投入堂」的登山參拜和往昔的修驗者相同，為了攀爬樹根和峭壁，出發前會有服裝和鞋子的檢查確認。若因下雨或積雪等天候因素則會關閉。P.168

🚗 約1小時15分鐘

住宿於米子

第2天

▶賞牡丹、求良緣的浪漫路線

米子

🚗 約30分鐘

3 日本庭園 由志園 建議停留 **1** 小時　賞花絕景

4月中旬～5月上旬可以看到漂浮著3萬朵牡丹花的「池泉牡丹」絕景。而於5月的最後一天，還能看到漂著黃色牡丹花的池塘。P.224

🚗 約1小時10分鐘

4 出雲大社 建議停留 **1** 小時　神社絕景

以求良緣的「結緣神社」聞名的出雲大社，祭祀大國主大神，是日本十分具代表性的古神社！掛有長約13公尺注連繩的是神樂殿，兩邊參道上林立著許多紀念品店。

🚗 約15分鐘

5 日御碕與經島 自然景觀

拜訪過出雲大社後，接著也是同為能量景點的日御碕岬，此處有出雲大社的祖神、日御碕神社和白色燈塔。漂浮在海上的經島是黑尾鷗的繁殖集居地。P.228

🚗 約13分鐘

6 稻佐之濱 自然景觀

旅行的終站推薦前往傳說中大國主大神的讓國、國引神話的發生地──稻佐之濱，這裡是以夕陽絕景聞名的景點。聳立在海邊的「弁天島」是其象徵。

🚗 約35分鐘

出雲機場

呈現豐富多彩的藍色
不可思議的清流

114
仁淀藍
● 仁淀ブルー

高知縣／仁淀川町、伊野町

👀因太陽光線和天空顏色而呈現各種藍的仁淀川支流——安居溪谷。

👀 此處被公認為「這才是真正的仁淀藍」，是為位於仁淀川支流的瀑布潭──「笑淵」。

TRAVEL
PLAN

114

光和水交織共生
神祕幽深的藍色

仁淀川透明清澈的水面一直延伸到河口，是條全長約 124 公里的清流。以「仁淀藍」的暱稱而為人熟知的觀賞景點位處仁淀川的支流，只有當波長短的藍色光反射，加之水的透明度、雜質難以停留的急流、低水溫、廣布河底的青綠石頭等奇蹟般的最佳條件齊備時，才能誕生耀眼動人的藍色。保留著大蛇傳說的「笑淵」；巨石和瀑布交織而成的神祕景觀「中津溪谷」；透明度極高、有好幾個瀑布的「安居溪谷」……等皆為人氣景點。雖說是藍色，其實十分豐富多彩，藍色、綠色、群青、天藍色……可以悠悠地欣賞因陽光而一刻一刻變化的絕景。

MAP

1 透明度高，河底的石頭和岩塊清晰可見。擁有很多色彩鮮豔美麗的石頭也是其特徵。 2 「安居溪谷」有見返瀑布、飛龍瀑布、背龍瀑布等景點。夏天可以於河邊嬉戲。 3 「安居溪谷」防砂壩下方的藍色特別深邃。

🌿 最佳季節　　8～1月

8～1月以外的時期，由於藻類等植物在水中繁茂生長，所以看起來較接近綠色。11月上旬的楓紅季節，藍色川流和紅葉的對比十分絕妙。

🔍 旅行小要點

陽光照射在整個瀑布潭的正午前後是「笑淵」被認為藍得最極致的時間。因為需經陡坡和階梯，務必穿著輕便不怕髒的服裝和能止滑的鞋子。

115

御手洗老街（重要傳統建造物群保存地區）

留存昔日榮華
古樸美麗的街道

● 御手洗町並み保存地區

TRAVEL
PLAN

115

 從江戶時代到昭和初期，作為瀨戶內交通要衝而繁榮起來。

1 保留江戶時代風情的街道，據說以前擁有4家茶屋，是條很熱鬧的花街。 **2** 高約6公尺的石造高燈籠是於江戶時代建造的。 **3** 從「看見歷史之丘公園」眺望，可以遠眺傳統街道保存地區、瀨戶大橋、瀨戶內島波海道的來島大橋。

親身感受當地歷史
悠然地漫步小鎮街道

此區於江戶時代作為瀨戶內海交通的中繼港，被稱為「等待風、等待海潮的港口城市」而繁榮起來，保留著濃厚的舊時色彩及面貌，是位於大崎下島的國家重要傳統建築群保存地區。從港口經過碼頭，只要踏進小鎮一步，就能瞬間穿越到江戶時代的世界。鑽進彎曲深美的小巷弄，兩邊林立著的是豪氣的商家和大名（大領主）履行「參勤交代」任務時停靠的藩的船宿、神社等。其中最能說明當時風華的是最盛時期擁有100名以上娼妓的茶館遺址「若胡子屋」，小鎮內除了有此風格的日本家屋，也有色彩繽紛的洋房。在清涼飲料廣告中登場的藍色外觀理髮店和郵局，是超有人氣的拍照打卡景點。

MAP

. . . .

 最佳季節　4、11月

雖然一年四季都能欣賞到，但御手洗地名由來的「天滿宮」以賞櫻花和紅葉的名勝而聞名。到了秋天，山上的橘子結實累累，別有一番風情。

🔍 **旅行小要點**

由古民家改裝而成的御手洗休憩處設有觀光協會的事務所，此處可以免費索取旅遊小手冊，在漫步小鎮之前順道前往十分方便。觀光協會同時也規劃導覽行程，需於一周前預約。

妝點出雲的庭院
華麗的牡丹花群

116

日本庭園　由志園

● にほんていえん ゆうしえん

島根縣／松江市

斑斕的「池泉牡丹」是在當地牡丹栽培農家的協助下將想法化為真實。

225

藉由花木借景襯托出牡丹之美，建議試著從各種角度眺望！

TRAVEL
PLAN

116

花兒盈滿整個池面
必看的牡丹花毯

大根島漂浮在島根縣東側的中海上，島的東西有兩座聯外橋樑。島內的由志園是池泉迴遊式庭園，因為仿造出雲地區的風景，也被稱為「出雲國的箱庭造景」。最吸睛的是一年四季皆有栽種的牡丹花，一重（花瓣 5～15 枚）、八重（花瓣 20～40 枚）、紅、桃、白等豐富繽紛種類爛漫盛開的景觀，恍如來到了桃花源。其中，被牡丹填滿的池塘水面一景「池泉牡丹」，並非觀賞用的，主要是為了培育花苗而進行疏苗，原先是因不忍廢棄便將之鋪滿漂浮於池塘，卻產生了獨一無二的花海絕景。在被花朵和香味包圍的季節裏，務必拜訪牡丹之島一趟。

MAP

1 池中漂浮著 3 萬朵牡丹花的「池泉牡丹」令人歎為觀止。如同畫卷般地美麗。 2 茶室兩旁像地毯一樣鋪滿牡丹的「牡丹苑路」為日本黃金周的期間限定。 3 散發高尚氣質並被稱為「花中之王」的牡丹，其顏色和花形各式各樣。

 最佳季節　　4～5月上旬

雖然四季都有各自的魅力，但牡丹的盛開期是 4 月中旬～5 月上旬。填滿池塘的「池泉牡丹」剛好趕上日本黃金周假期。

旅行小要點

黃金周的最後一天，會舉辦將「池泉牡丹」更換成黃色牡丹的「黃金池泉牡丹」活動。除了牡丹華麗的黃色之外，周圍瀰漫的芳香也很宜人。

117

日御碕與經島

● 日御碕と経島

踏著藍色大海及白浪
黑尾鷗飛舞的神之島

島根縣／出雲市

228

漂浮在西南的經島為日御碕神社的神域。從日御碕遊步道的瞭望台能夠眺望此地。

彷彿天神創造出來的足以洗滌心靈之絕景

島根半島的西北岬角擁有富於變化、充滿生命力的海岸線。位於頂端、高約 43.6 公尺的出雲日御碕燈塔是日本最高的石造燈塔。從內部的 163 段螺旋樓梯向上，日本海和島根半島的全景一望無際。鎮座在凹凸不平的大岩塊上的是神話中曾登場並十分靈驗的日御碕神社。朱紅漆閃閃發光的日沉宮，從江戶時代開始就被稱為「日落聖地之宮」。原本是由漂浮在海上的多個島嶼組成的經島，據說在西元 948 年（天曆 2 年）遷座到了日御碕神社。經島位居海拔 20 公尺，腹地周長約 400 公尺，屬於日御碕神社的神域。作為黑尾鷗的繁殖地被指定為國家天然紀念物。

MAP

 整座島被柱狀岩、柱狀節理所覆蓋。因其形狀看起來像是堆疊而成的佛教經典，所以被命名為「經島」。 ② 撞擊日御碕岩壁而破碎的海浪。 ③ 每年 11 月左右，從北方大海會飛來數千隻黑尾鷗，屆時整個島都被黑尾鷗占據，望過去一片白茫茫。

🌸 **最佳季節** 　　6～9月

夏天的大海閃耀著翡翠綠，光彩奪目，此一時期也可以親近海水。4～11 月在遊客中心會舉辦定時導覽行程。

🔍 **旅行小要點**

日御碕神社同時是以結緣之神而聞名的出雲大社的祖神。從出雲大社到日御碕神社坐巴士約 20 分鐘，交通十分便利。巡遊兩座神社時，給人沉浸在浪漫神話世界中的感受。

伊尾木洞

● いおきどう

高知縣／安藝市

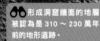 形成洞窟牆面的地層
被認為是 310 ～ 230 萬年
前的地形遺跡。

118

1 蕨類群落全部被指定為國家天然紀念物。 2 本州膜葉鐵角蕨、鐵線蕨、鋸齒雙蓋蕨等蕨類的群生。 3 獨特的地形和植被,是由遙遠的時光歲月和各種條件疊加而成的。

大自然創造出來的
奇岩與森綠的藝術

從國道下來約幾分鐘即能抵達,穿過涼爽昏暗的洞窟,突然映入眼簾的是一片被蕨類覆蓋的溪谷。久遠之前,此處的周邊是大海,由於波浪侵蝕而形成天然海蝕洞。此地被指定為國家天然紀念物,覆蓋高約 10 公尺壁面、目前曾被確認過的蕨類就多達 40 種左右。天氣晴朗、太陽照射角度較高的時間區段,日光從林間空隙傾瀉進來,讓這一帶更加夢幻。有時也能發現貝殼化石,帶給人一種彷彿穿越遙遠過去的觸動。前往最深處往返約需 30 分鐘左右。除了森綠牆面之外,還散落著小瀑布等攝影景點。

MAP

 最佳季節 8~9月

蕨類為常綠植物,雖然一年四季都能見到,但盛夏時期的綠意特別美麗。然而,此處蛇類頻繁出沒,務必特別留意。

旅行小要點

推薦走路輕便的運動鞋和登山鞋。參加安藝市觀光協會舉辦的導覽體驗行程(提供長靴,最低開團名額為 2 名),有助於擴展岩石和植物的知識,很有意思!

119

依隨季節更替變換風貌
滿盈花香的公園

國營讚岐滿濃公園
● 国営讚岐まんのう公園

香川縣／滿濃町

👀 已轉紅的掃帚草。夏天的綠色掃帚草也很美，夜晚均會點燈。

天空和粉蝶花的幻藍色開
展出一片美麗的春天風景。粉蝶
花的日文名為「琉璃唐草」。

234

無邊無垠的花毯
開展於平緩的丘陵地

這是一座能眺望空海大師所修築的日本最大農業儲水池名勝 —— 滿濃池的公園。在有山丘、有臺地的廣闊占地內，四季花木繁盛，最大看點是在平緩的斜坡上展開的一片花海廣場「花遊之丘」。春天是粉蝶花的花期，從夏天到秋天則能欣賞到掃帚草從綠色轉成紅色的模樣，夏天還會舉辦綠色掃帚草點燈活動。園內有餐廳、販賣部、草坪廣場、愛犬公園等設施，能夠悠閒地度過一天，是深受在地人喜愛的散步路線。天氣晴朗之日，也可見民眾攜家帶眷在草坪廣場野餐（可攜帶外食）的身影。

MAP

1 4月左右，在「花遊之丘」盛開的約 35 萬株粉蝶花。 2 4 月上旬～4 月中旬左右，「花龍之道」上五顏六色的鬱金香爭奇鬥艷。 3 掃帚草的果實同時是被稱為「田間的魚子醬」的地膚子之原料。毛茸茸的圓形外觀十分可愛。

🌼 **最佳季節**　　**4月、10月**

粉蝶花和鬱金香的開花時間為 4 月上旬～中旬，而掃帚草的轉紅時間為 10 月中旬。可以從官網和社群媒體上查看最佳觀賞時間。

🔍 **旅行小要點**

「夢幻冬季」（Winter Fantasy）活動是冬天（11月下旬～1 月上旬）的風物詩，會於廣闊的大地上妝點著大彩燈、高 10 公尺的聖誕樹和巨大「昇龍瀑布」燈飾……等等。

120
綺麗的幻夢
季節限定的雲海

從明地峠眺望雲海
● 明地峠からの雲海
岡山縣／新見市　鳥取縣／日野町

TRAVEL PLAN

120

 當太陽一升起，覆蓋著里山的雲海和群山瞬間就染上了粉紅色。

漂浮著奇幻氣息
如夢似幻的風景

明地峠位於岡山和鳥取縣交界處，隨著黎明時分，周圍開始變得明亮起來，在被太陽照射的粉紅色雲海的間隙，能望見夢幻般的大山姿態，其雄姿正適合稱為靈山。當然，雲海不是隨時都能看到，白天和夜間的溫差大、晴天、無風等幾個條件同時發生才能觀賞到此一絕景。從晚秋到初冬的日出之後是機率最高的季節，雖然機會可能十分渺茫，但為了親眼欣賞絕景，仍然吸引大批人潮湧入。夢幻般的景象也曾出現在 1977 年的電影《八墓村》中。

MAP

 最佳季節　　**11月**

雲海是種自然現象，通常從晚秋到初冬較常見，其中 11 月最有機會。需具備「氣溫突然下降」、「晴天」、「無風」之日等條件。

旅行小要點

拂曉前的景色時時刻刻都在變化，若想拍照請記得提前做好準備。明地峠的展望台海拔約 620 公尺，從晚秋到初冬的早晨很冷，請務必穿著保暖冬裝。

121
勝間沉下橋
● 勝間沈下橋

高知縣／四萬十市

山的翠綠與川的青藍
融入地景、令人倍感親切之橋

沉下橋連接起位於山川之間的勝間村落，橋下有寬闊的河灘地。

TRAVEL PLAN

121

俯瞰悠悠流淌川河的特等席

全長 196 公里的四萬十川被譽為日本最後一條清流，流域沿岸擁有美麗的自然景觀。來到四萬十川不能不談沉下橋，沉下橋是指沒有側欄且當河水高漲時會沉入水面的橋。其設計以不易受到水的阻力、流木等物品不會被卡住為重點。從沒有護欄的橋上眺望，由於不會有遮擋視線的障礙物，因而能近距離感受雄偉的景色。在四萬十川的 48 座沉下橋中，從下游開始的第 4 座橋即為勝間沉下橋。在 1959 年架設，全長 171.4 公尺、寬 4.4 公尺的橋上，車輛也能通行。可說是自然與人們共存生活的美好日本故鄉原風景。

MAP

最佳季節 5～6月

周圍的自然景色與春天的新綠、秋天的楓紅，四季分明，整年都充滿自然魅力。5月底～6月上旬可以看見在橋梁周圍翩翩飛舞的螢火蟲。

旅行小要點

佐田沉下橋、三里沉下橋等廣受旅人歡迎的沉下橋有很多座，不過對當地居民來說這也是很重要的生活道路。雖然車輛可以通行，人多擁擠時務必把車停放於停車場，步行過橋。

122

元乃隅神社

● もとのすみじんじゃ

形成鮮艷對比
的紅、藍、綠

山口縣／長門市

TRAVEL PLAN

122

 參道盡頭的斷崖所產生的壯觀「龍宮之潮吹」現象，被指定為國家天然紀念物和名勝。

在鮮紅色的鳥居下
能一邊眺望大海、一邊漫步

這是根據當地漁船經營者因白狐託夢而建造的私人所有神社。連接山丘上正殿和海岸的 123 座鳥居是從 1987 年開始，經過 10 年的歲月陸續供奉的。此處的絕妙景觀已為世界各地的旅遊者所熟知，也獲美國新聞網 CNN 選為「日本最美的 31 道風景」。香油錢箱設置在參道出口、高約 6 公尺的大鳥居上方。據說若能成功將香油錢投進，願望就會實現。位於神社下方的鳥居所在的懸崖也是不容錯過的景點。北風吹來時，海浪拍打著海蝕洞，有時還能看到被稱為「龍宮之潮吹」此一海水高漲的自然現象。

MAP

🌾 最佳季節　　4～8月

當來到大海的湛藍色耀眼動人、鮮綠色樹林的春夏季節，有機會看見更撩人心弦的自然色彩對比。冬季則有很大機會能觀賞「龍宮之潮吹」。

🔍 旅行小要點

離正殿較近距離的半山腰設有停車場，一般都會從山丘沿著參道走到海岸邊，但從海岸到山丘上的正殿才是正式的參拜路線。鳥居內的階梯部分傾斜又陡，務必小心。

悠遠歷史的創造物
非凡的自然型態

龍河洞

● りゅうがどう

高知縣／香美市

👀如同仙人掌形狀的石筍林立而被稱為「仙人掌之丘」，在社群媒體上很受歡迎。

TRAVEL
PLAN

123

1931年（昭和6年）在此處發現了奧洞，被命名為「紀念瀑布」。

帶著探險的心情前往
神祕的鐘乳石洞

日本三大鐘乳石洞之一。在歷時約1億7500萬年形成的全長約4公里的鐘乳石洞中，開放參訪的約有1公里左右。洞中使用聲光、光雕投影的體驗型設施很受歡迎。內部有彌生時代的居住遺跡，被鐘乳石化並與洞窟融為一體的彌生土器「神之壺」，是大自然創造的奇蹟藝術，也是珍貴的考古學資料。預約導覽行程分成：簡易的「觀光路線」、穿著裝備仔細觀察洞內的「冒險路線」以及期間限定的「西本洞路線」3種。漫步在涼爽的洞內，眺望著各種形狀的鐘乳石，側耳傾聽水聲，能感受到悠久的時光氛圍。

MAP

1 落差11公尺、為洞內最大瀑布的「紀念瀑布」，在夢幻的藍色燈光照明下，清澈的水面光線在洞內閃耀。 2 由於流水侵蝕而被削掉的石灰岩形成彎曲狀，稱為「雲的架橋」。 3 經過15萬年的歲月，水流創造出的「天降石」高達11公尺；旁邊則是高6公尺的「拉深幕」（絞り幕）。

🌱 **最佳季節** **整年**

鐘乳石洞內全年溫度差異不大，夏天很涼爽，冬天則很暖和。沒有特別推薦的最佳拜訪季節，無論何時前往都能獲得一致的體驗。

🔍 **旅行小要點**

需預約的「冒險路線」會要求參加者身著冒險用裝備，有時攀爬前行、有時登上木梯，是能體驗黑暗的狂野路線。由於相機可能會一不小心擦撞到，因此建議使用智慧型手機攝影。

一之俣櫻公園

一の俣桜公園

山口縣／下關市

清澄的水面
照映出森林氣息

TRAVEL
PLAN

124

佇立在寂靜的森林中
一幅如畫的景觀映入眼簾

一之俁溫泉附近的自然公園是位於下關山區的觀光景點。最大的看點是錦鯉悠然自得游水的樣子，讓這裡的風景更具妙筆生花之感，通稱「蒼霧鯉池」。原先甚至連名字都沒有，即使是當地人也不大知曉的池塘，當其洋溢神祕感的景觀在社群上發布後，一躍成名。根據日照情況和觀看角度不同，池水看起來十分碧綠，與以絕景聞名的北海道美瑛町的「青池」和岐阜縣關市的「莫內池」相似。在沒有風的日子，水面被水沒林和周圍的綠色映照得很美的景色，就像是嵌在框內、裝飾感十足的一幅畫。而天候條件具備時，早晨也能看到被濃霧包圍的夢幻風景。

MAP

天氣好的無風午後，當鯉魚現身時就是按下快門的好時機！

🌿 最佳季節　　4月

4月左右，園內200株左右的櫻花相繼盛開，能夠暢覽粉嫩櫻花、碧藍的天空、翠綠池水及枯萎的樹木倒映在水面上的美麗景象。

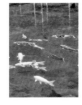

🔍 旅行小要點

農忙期和夏天缺水時，水位會下降，可能會無法看到如同照片呈現出的絕景。池塘旁設有無人售票處，100日元就能買到餵食魚兒的飼料，若鯉魚一直不浮出水面，試著撒飼料吸引牠們吧！

125

八釜之甌穴群

明澄的源流與地形
交織而成的自然美

● 八釜の甌穴群　　　　愛媛縣／久萬高原町

248

TRAVEL PLAN **125**

大自然所創造出的奇蹟性的規模感

所謂的「甌穴」（壺穴）是指流經溪谷的土砂和小石頭侵蝕河床岩盤而成的圓形洞穴。此一溪谷有大小共計30個左右的甌穴，其中較大的隧道坑、獅子坑、眼鏡坑等8個穴的形狀與釜底相似，因此被命名為「八釜之甌穴群」。多個甌穴成群的規模在全國也很罕見，因而被指定為國家特別天然紀念物。經過漫長的歲月，自然形成的甌穴每一個都不相同，每一分每一秒的瞬間也正在一點點地削著岩石。水量多的時期，清脆的水聲響徹山谷，魄力感十足。溪流的透明度相當清澄，流經岩石表面如白線般的瀑布也十分賞心悅目。

MAP

 最佳季節 4～8月

從春天到夏季時節都很推薦，特別是多雨的夏季水量大增，十分值得拜訪。雖然周圍的楓樹不多，但是秋天的楓紅季節別具風情。

 旅行小要點

通往「八釜之甌穴群」的徒步區，單程約 1.2 公里，去程約 20 分、回程需 30 分鐘。由於有連續陡坡，多處會因水和落葉導致濕滑，建議穿著方便行走的鞋子。冬季偶爾會因下雪而使路面凍結。

大自然經過漫長歲月雕刻而成的甌穴，最大直徑約為 10 公尺。

再現了位於梵蒂岡西斯汀教堂的天花板壁畫「最後的審判」之西斯汀大廳。

沉醉於那幅生動細膩
的名畫世界

126
大塚國際美術館
● おおつかこくさいびじゅつかん

德島縣／鳴門市

TRAVEL
PLAN
126

不必飛出國
就能欣賞國外藝術品

由世界 26 個國家的美術館典藏、共計 1000 多幅西洋名畫的授權，該館以陶板再現原尺寸大小並於館內展示。擁有國內最大的常設展示空間，展覽動線長約 4 公里。李奧納多‧達文西的《蒙娜麗莎》、《最後的晚餐》、梵谷的《向日葵》、維梅爾的《戴珍珠耳環的少女》、波提切利的《維納斯的誕生》等家喻戶曉的名畫齊聚一堂，規模之大令人歎為觀止。就連梵蒂岡當地的禮拜堂及壁畫等都透過美術館的空間重現，臨場感十足。2018 年的 NHK 紅白歌唱大賽上，歌手於此地連線轉播也掀起話題。

MAP

 最佳季節　　　整年

美術館整年皆對外開放。另外，當地的「鳴門漩渦」也十分有名，觀潮船的乘船處即位於美術館附近，有機會看到最大漩渦的季節是春天。

 旅行小要點

由於在美術館內很少能與作品合影，但在這裡能和喜歡的名畫一起拍照。館內禁止使用閃光燈、腳架等固定相機的器材，也禁止商業利用。

127

etSETOra
● エトセトラ

JR 西日本

穿梭瀬戶內海的
『甜點 & 酒吧列車』

拉丁語「et cetera」(エトセトラ),為「及其他、等等」之義,此部列車將瀬戶內綻放的滿滿魅力以這個單字來表示,據說也與廣島方言「嗯……那個啥」(えっと,etto) 所代表的「眾多的、很多的」意思有關。車窗外可以眺望瀬戶內島嶼,列車會在遇見景點時減速運行,讓旅客盡情按快門。往返於廣島和尾道,途中在吳市和竹原停靠。列車上供應的甜點是廣島的和菓子職人和甜點師親手製作的,於酒吧列車上還可邊飲特調雞尾酒、邊享受旅行的樂趣。

1 以瀬戶內藍色大海和白浪為元素發想的清爽彩裝外觀。 **2** 去程列車提供的為吳市具代表性的日式點心屋「密屋」所製作的「瀬戶的小盒～和～」以及當地甜點師親手製作的「瀬戶的小盒～洋～」;返程則是提供巧克力和燒菓子的點心小盒。 **3** 以宮島的秋天為印象發想的 1 號車廂內部裝潢。

運行區間
廣島站→尾道站 (甜點)
尾道站→廣島站 (甜點 & 酒吧列車)

所需時間
單程約 3 小時

查詢窗口
JR 西日本旅客中心 ☎ 0570-00-2486

九州／沖繩

128-140

絕景巡禮！
九州推薦行程
[**3天2夜**]

從吉野里遺跡到在社群媒體上掀起熱議的景點，都令人流連往返不已！

九州區域　佐賀　熊本　大分　福岡

串聯山和海的人氣景點
嗨玩九州4縣

從福岡啟程，南下到熊本，再由西向東橫越，通過國東半島下方，最後返回福岡。這是一條可以欣賞到古代遺跡、生機盎然的自然景觀、街道、溫泉等富有九州特色的絕景路線。

第 1 天
▶彌生時代遺跡與蔚為話題的夕陽景點

福岡
↓ 🚗 約50分鐘

1 彌生遺跡

吉野里遺跡　建議停留 1 小時

P.264

旅行的第一站是日本最大規模彌生時代的大環壕村落遺址，能夠參觀復原後的環壕村落建築，若時間仍充分，建議前往古代森林區。

↓ 🚗 約1小時10分鐘

2 傳統建築

八千代座

P.270

南下進入熊本縣，前往保留著江戶時代演劇小屋樣式的八千代座。復古的天花板廣告很上鏡，對面還有歷史資料館可以參觀。

↓ 🚗 約1小時30分鐘

3 自然景觀

御輿來海岸

P.280

在潮間帶的泥灘上可以看到倒映在海岸線上、如波浪般的日落景色。雖然大潮的日子更加絕美，但其實無論什麼時候前往都能看到美不勝收的海岸線。

↓ 🚗 約45分鐘

住宿於熊本

第 2 天
▶忘情飽覽阿蘇景色後前進別府

熊本
↓ 🚗 約1小時10分鐘

4 自然景觀

米塚

從熊本市街往阿蘇山方向行駛，一邊眺望著像是倒碗公狀外型的米塚和上米塚的火山渣山丘（スコリア丘），一邊兜著風收攬阿蘇全景。

🚗 約30分鐘

5 大觀峰

在阿蘇休息站稍事休息後繼續出發北上，走上彎彎曲曲的道路就能抵達大觀峰。從阿蘇的外輪山綿延至阿蘇五岳和九重山之全景能夠一眼展望。

🚗 約35分鐘

6 久住花公園

建議停留 **1** 小時

花絕景

從沿途好風景的國道 442 號往竹田市街方向即可抵達，久住花公園是西日本最大的花主題公園。廣闊的土地上開著約 300 萬株花朵。

P.266

🚗 約1小時10分鐘

7 湯布院花卉村(Yufuin Floral Village)

歐風建築

簡直就像是來到了中世紀歐洲童話般的街道，這裡可以優游散步和購物。附近設有停車場。

P.156

🚗 約3分鐘

8 金鱗湖

自然景觀

沿著由布院溫泉別有韻味的街道步行，抵達的是金鱗湖。由於溫泉水流入湖中的關係，冬天的早晨會有霧靄熱氣上升，十分夢幻。

🚗 約40分鐘

住宿於別府溫泉

第 **3** 天
▶拜訪神祕遠古風景與昭和街道漫步

9 別府地獄巡遊

溫泉絕景

別府溫泉有海地獄、血池地獄、白池地獄、國家指定名勝之龍卷地獄和鬼石坊主地獄等 7 個，建議配合行程時間造訪。

🚗 約45分鐘

10 熊野絕壁佛雕（磨崖佛）

摩崖佛

位於熊野的深山裡。從停車場要到磨崖佛所在之處，必得先登上魔鬼花了一夜砌出的 100 段險惡石階。在此可以參觀大日如來和不動明王的巨大磨崖佛。

🚗 約20分鐘

11 豐後高田 昭和之町

昭和之町

來到豐後高田市的中心商店街，時間就像是停留在了昭和 30 年代。有 53 家昭和町所認定的店鋪，漫步其中令人樂而忘返。

🚗 約1小時20分鐘

12 平尾台與千佛鐘乳洞

自然景觀

此處為國內最大規模的喀斯特(Karst)地形，平尾台地底下有許多鐘乳洞，還能在千佛鐘乳洞的水中步道內涉水參觀。

P.260

🚗 約1小時10分鐘

福岡

128

西表島
● いりおもてじま

叢林與珊瑚海
廣闊的神祕之島

沖繩縣／西表島

島嶼的周圍是國內最大、最廣闊的珊瑚礁海域，宛如一座天然的水族館。

TRAVEL
PLAN

128

被震撼人心的壯闊大自然深深感動

西表島在沖繩縣面積僅次於本島。群山緊鄰海岸線，是一座被十分不具日本風情的亞熱帶原生林覆蓋的島嶼，濃厚的自然氣息蕩漾。以西表山貓為首，諸如大冠鷲、銀葉樹、水椰等固有種和天然紀念物等動植物棲息生長於此，2021年被聯合國教科文組織列入世界自然遺產。拜訪神祕瀑布、紅樹林、珊瑚礁大海……等絕景滿點的行程會讓此趟旅行超級充實，一定要體驗的是搭乘前往由布島的水牛車，當滿潮時，被水牛拖拉著悠閒地渡過水深 1 公里左右的平淺灘，超級療癒。

MAP

最佳季節　　　6～7月

梅雨季節的雨量會讓瀑布水量變多，因此最推薦 7 月造訪。被稱為森林妖精的穗花棋盤腳於 6 月下旬～7 月中旬是最佳觀賞期，然而此時期也要注意颱風動向。

旅行小要點

如果希望充分享受島上的自然風光，參加「探索自然行程」非常值回票價，有獨木舟、長距離徒步跋涉 (trekking) 等各式各樣的選項，建議根據體力和時間來選擇。泳衣、防曬乳和防蚊蟲藥均是必備物品。

1 此為沖繩最自豪、落差達 55 公尺的「Pinaisara 瀑布」，以獨木舟或叢林徒步跋涉的方式皆能抵達瀑布所在之處。**2** 漂浮在西表島北方約 3 公里處的「巴沙鹿島」（バラス島）是珊瑚碎片堆積而成的神祕之島，只能透過預約行程登島。**3** 若欲前往周長 2 公里的由布島，搭乘水牛車是島上首屈一指的人氣行程，海上漫步需時 15 分鐘。

奇觀綿延
珍稀的喀斯特地貌

129
平尾台與千佛鐘乳洞
● 平尾台と千仏鍾乳洞　　福岡縣／北九州市

壯闊的草原地帶上裸露的石灰岩群星羅棋布，就如同放牧中的羊群一樣。

1 此處可見散落的無數石灰岩、台地凹陷成缽狀的石灰坑（doline）等喀斯特地形才有的特有景觀。 2 受到雨水侵蝕的石灰岩被命名為「接吻岩」，另外還有獅子岩等獨特岩石。 3 照片中為平尾台鐘乳洞的第三個洞穴，可以參觀的鐘乳洞中最大的為千佛鐘乳洞。

自然步道正在整修，規劃提供給從初學者到老手的探索路線五花八門。

TRAVEL PLAN

129

地球規模的大展望
令人瞠目結舌的巨大喀斯特

平尾台南北長約 6 公里、東西約 2 公里，海拔 300 ～ 700 公尺，是國內為數稀少的喀斯特地形。石灰岩經過漫長歲月的變化而形成的與眾不同景觀，放眼望去一片浩瀚無垠的壯闊感。其中，被稱為「羊群原」的裸露喀斯特奇岩帶，看起來就像是一大群放牧中的羊，是只有此處才擁有的獨特景觀。據說此一地形是 3 億年前，原本在南海的珊瑚礁堆積石灰層由於板塊移動而被推移至目前的位置。地底下共有 200 多個鐘乳洞，被指定為國家天然紀念物的千佛鐘乳洞和目白鐘乳洞等 3 處，對外開放參觀。

MAP

最佳季節　　　整年

在不同季節都能看到豐富表情變化的平尾台，一年四季都有令人讚嘆的絕景，其中，進行「燒荒」（野燒き）的春季和芒草花穗開滿草原的秋天是最棒的。

旅行小要點

若是初次到訪，建議先至平尾台自然觀察中心獲取相關資訊，館內的立體模型和高畫質劇場詳細介紹了平尾臺的歷史和自然景觀，3 樓的展望臺可以進行 360 度的眺望。

130

夢幻之光與火焰
照亮了巨大遺跡

吉野里 光之響
● 吉野ヶ里 光の響 佐賀縣／吉野里町

被各種顏色點亮的古代住宅以及紙燈籠，如同幻境般，閃耀動人。

TRAVEL
PLAN

130

悠遠的古代遺跡
彷若置身光影之境的燈節

橫跨神埼市和吉野里町，被全長2.5公里的壕溝包圍，是日本最大規模的彌生時代環壕村落遺址。以彌生時代全時期的住居遺跡為首，挖掘出了高床倉庫群、300座以上的甕棺、被認為是彌生時代中期國王墓的墳丘墓等等，現地目前規劃為吉野里歷史公園向大眾開放。園內修復過的豎穴住宅和高床倉庫等建築，讓人有種穿越到了古代的錯覺。每年12月舉辦的光與炎祭典——「光之響」活動更讓整座公園充滿夢幻氛圍。建築群的燈光和熱氣球燃燒器發出的炫目火焰等，華麗地點綴了寒冬夜空。

MAP

 最佳季節 **12月**

「光之響」於每年12月的第1～3周的週六、周日，下午5～9點在公園東口至南側內城廓舉行。在南方的村落內還會舉行熱氣球的夜間繫留——「夜間輝光」活動。

 旅行小要點

活動中的最大看點是園內各處放置的蠟燭紙燈籠，每年以各種主題製作的「光之地上畫」更是必看的重頭戲。登上瞭望台，還能欣賞到恍若置身仙境般的景色。

131

久住花公園

● くじゅう花公園

在宏偉的山丘上蔓延
療癒人心的花園

大分縣／竹田市

👀 以山巒為背景，滿山滿谷的五顏六色花朵綻放於高原的「春彩花田」。

在廣闊的青空下，爛漫盛開著 20 萬株彩虹菊。

TRAVEL PLAN

131

隨著四季更迭
為山丘妝點不同色彩的花園

位於海拔 850 公尺的阿蘇九重國家公園內，是西日本最大的花園。在約 22 萬平方公尺的公園裡能仰望海拔約 1787 公尺的久住山平緩山坡，從春天到秋季約有 500 種、共約 500 萬株鮮花盛開。香甜飄逸的花香、清新的高原空氣，以及點綴著寬闊原野的幻彩花園，均令人神往不已。從 4 月的芝櫻（又稱針葉天藍繡球）和鬱金香開始，初夏的薰衣草、向日葵以及大波斯菊布滿山丘的秋天等，四季都能欣賞到不同的花開絕景，是其魅力所在。其中，種植了近 10 種春花的「春彩花田」（5 月上旬～下旬）是絕讚的拍攝景點。

MAP

最佳季節　　**4～5月**

4～5 月為一年之中花種最多的季節。鬱金香、三色堇、粉蝶花等，當越過山丘後不同種類及顏色的花田躍然眼前。

旅行小要點

想在廣闊的園內慢慢散步約需兩個小時左右。野營度假區有「花與星」的賞花及觀星的露營計畫，免裝備就能享受 BBQ 派對，很受歡迎。在大自然的圍繞下，夜晚可以看到滿天繁星。

1 粉色、白色、黃色的可愛花朵閃耀在陽光下的「芝櫻之丘」。最佳觀賞期是 5 月上旬～5 月下旬。2 將整個山丘染成淡藍色的粉蝶花是 5 月上旬～5 月下旬可以看到的美景。3 繁花綻放拼接而成的「春彩花田」，是工作人員最為推薦的拍攝景點。

以舞臺為中心配置觀眾坐著觀劇的「棧敷席」和歌舞伎演員進出舞台的「花道」，是十分貴重的文化遺產。

132
八千代座
● やちよざ

華麗的內裝
大眾演劇的文化遺產

熊本縣／山鹿市

TRAVEL
PLAN

132

拜訪江戶時代的劇場
一起穿越時空！

1910 年（明治 43 年）建造的戲劇小屋「八千代座」劇場已被指定為國家重要文化財。為了謀求都市的繁榮，富商們募集了資金，身為海運業者、也是山鹿傳統工藝品「山鹿燈籠」職人的木村龜太郎先生則擔任設計者，建造了此座劇場。當時使用的 3 萬 3000 塊屋瓦在平成大整修中全部重鋪，目前只留下正面玄關部分的 1500 塊。傳達江戶時代歌舞伎小屋樣式的館內，有著土間席、棧敷席及花道的觀眾席、色彩繽紛的天花板廣告、舞臺下的奈落（地板下空間）和旋轉舞台等，其中特別使用直徑 8.4 公尺的德國製鐵軌和車輪的旋轉舞台，其地底下的構造非常值得一看。

MAP

- -

 | 最佳季節 | **整年**

沒有公演活動之時，全年開放參觀，欲一起規劃行程的話，於舉辦知名的「山鹿燈籠祭」時的 8 月中旬前往最為推薦。

 | 旅行小要點

八千代座對面的資料館「夢小藏」也不容錯過。在比八千代座早 10 年建成的白壁土藏建築中，展示了劇場使用的服裝、約 150 件小道具、放映機、演出記錄等珍貴史料。

在細石群（さざれ石）和柱狀岩上立著社殿的景觀，是其他地方看不到的奇景。

133

鎮座於柱狀岩石上
眺望日向灘的絕景

大御神社
● おおみしんじゃ

宮崎縣／日向市

TRAVEL
PLAN

133

①據說在細石群上由於火山活動流入的火山碎屑流凝固，被風雨和波浪侵蝕而成了柱狀。② 在平成 15 年的境內擴展工程中發現的細石群之巨岩，堪稱日本第一的規模。③ 通往鵜戶神社的參道僅容一人通過，陡峭狹窄，前往參拜時務必注意安全。

能感受到神明氣息的能量景點

神社的社殿立於從海面聳立而出的柱狀岩石上，是一座以獨特景觀為特徵的古社。根據社傳，帶著三種神器的瓊瓊杵尊在前往高千穗的途中，被由此地眺望的大海絕景所感動，因而於此供奉祖母——天照大御神。現今的社殿是 1938 年（昭和 13 年）重建的，被稱為「日向的伊勢神宮」而受人喜愛。從境內往大海的方向有被稱為「君之代」的細石群（さざれ石），其中掛著注連繩的日本最大級細石群是最受矚目的景點。近年來，橄欖球世界盃的日本代表隊因來此參拜而戰勝了強隊南非，此段佳話吸引許多祈禱必勝的民眾來訪。

MAP

 最佳季節　　10月中旬

一年中最盛大的神事是 10 月下旬為期兩天的「宵祭」。從傍晚開始會於特設舞臺上舉行天翔獅子舞、神樂奉納等活動。

 旅行小要點

也推薦順便拜訪從大御神社徒步 3 分鐘即可抵達的「鵜戶神社」。通往陡峭的懸崖洞窟深處的參道十分狹窄。站在拜殿前方往入口處回望，岩窟的裂縫看起來就像直奔天際的昇龍，很奇特的宗教景點。

洋溢原生的自然氣息
東方的加拉巴哥群島

奄美大島的黑潮之林

● 奄美のマングローブ林

鹿兒島縣／奄美大島

👀 一望無際的水面和廣
闊的綠色世界，是日本國內
最大規模的紅樹林。

在紅樹林中流滿的河流上划獨木舟，可預約由導遊帶領並導覽的行程。

TRAVEL PLAN

134

③ 廣布生長於緩緩曲折河流周圍的紅樹林。② 紅樹林是在淡水和海水混合的汽水域繁殖的生態系統總稱。此環境會呈現豐富的生態系。③ 位於島嶼中部的廣闊金作原原生林也是必訪景點之一。高10公尺的亞熱帶植物繁茂生長。看起來就像是會有恐龍突然現身的氛圍。

登錄世界遺產之列
鬱鬱蔥蔥的紅樹林

面積約 710 平方公里、周圍長約 460 公里的奄美大島，由亞熱帶氣候和豐富的水文孕育的大自然遍布了整個島嶼。在保留著太古風貌的叢林中，棲息著島上原生的琉球兔（奄美短耳兔）和大赤啄木琉球亞種等瀕危物種的生物，2021 年被聯合國教科文組織列入世界自然遺產。值得一提的是此處多為原生林，特別是遍布島嶼南部居住地區的紅樹林，擁有日本國內僅次於西表島的最大面積（約 71 萬平方公尺）。紅樹林的根系既淺又廣，在林中乘坐獨木舟於蜿蜒的河流中前進的感覺簡直就像是來到了祕境探險，向著左右延伸生長樹枝的紅樹林隧道，其蔚為壯觀的風景綿延在眼前。

MAP

最佳季節　　　4～10月

若欲享受海上活動，推薦 4～10 月到訪。5～6 月是梅雨季節，9 月多颱風，建議出發前先查詢天氣預報。

旅行小要點

如果要近距離觀察紅樹林，預約有導遊帶領的導覽行程最為推薦。出發前皆會講解划船的方式，因此即使是初學者也可以安心體驗，而對體力沒有自信以及有兒童隨行的遊客同樣能乘坐遊覽船參觀。

135
雄川瀑布
● 雄川の滝

時時刻刻都在變化
層次濃淡堆疊的藍色

鹿兒島縣／南大隅町

從寬60公尺的懸崖上徐徐傾瀉而下的瀑布。自岩石上湧出的水充滿了清冽感。

TRAVEL
PLAN

135

潺潺流瀉的瀑布
以及神祕的瀑布潭

位於流經大隅半島南部、南大隅町的雄川上游，落差約 46 公尺、寬約 60 公尺的瀑布。雖然規模並不特別令人驚奇，但作為充滿神祕感的絕景而備受歡迎的是其下方美麗的瀑布潭，潭水根據陽光的照射角度而時刻改變顏色，漸變的翡翠綠色看看著著給人猶如快被吸入的幻想。整個瀑布充滿了負離子，療癒感十足。從停車場步行約 1.2 公里的步道即能抵達雄川瀑布的展望所，從這裡可以近距離觀賞瀑布潭。上游處也有可以從正上方俯瞰瀑布的上游展望所。這兩處展望台的停車場是不同的，前往時務必注意。

MAP

最佳季節　　7～9月

綠意與水景對比最美的季節是夏天，瀑布潭周邊的青苔岩場也閃耀著生動的黛綠色，映照在蔚藍色的潭水中。

旅行小要點

通往瀑布的步道雖然鋪設了柏油路，但由於上下起伏很大，建議穿著方便行走的鞋子。大雨過後的瀑布水量大增，使得潭裡的水經常呈現渾濁感，因而較建議於預計會連續放晴的日子前往拜訪。

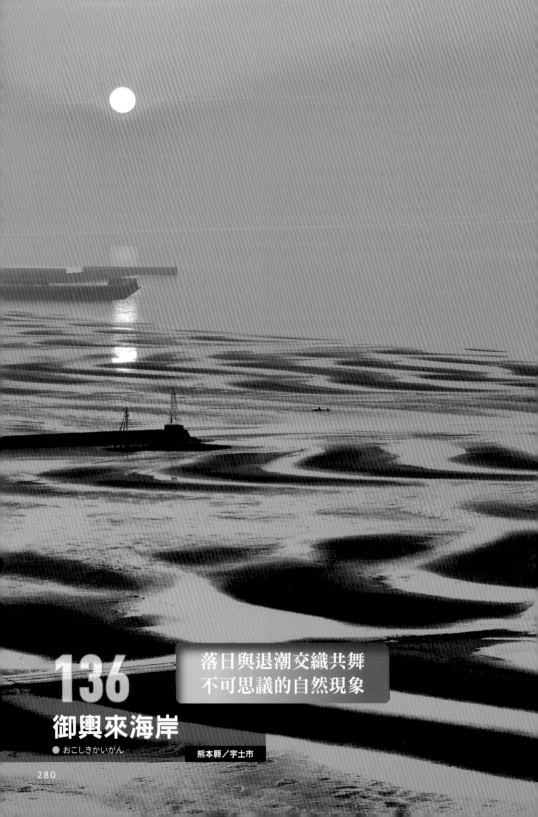

136
御輿來海岸
● おこしきかいがん

落日與退潮交織共舞
不可思議的自然現象

熊本縣／宇土市

TRAVEL
PLAN

136

廣闊的海灘會根據天空的顏色時刻變化莫測，新月形砂紋跟著漸漸浮現。

一年當中只有少數幾天是最佳拜訪時機

相傳景行天皇遠征九州時因瞥見了無比美麗的海岸線，便下令停輦，對御輿來海岸一見鍾情的傳說持續流傳至今。由於有明海獨特的自然現象，到了退潮時刻，廣達 2 公里的海面上就會出現像雕刻般的月牙形砂紋。由自然的風和波浪所形成的沙灘景觀，白天是銀色的，薄暮是紫色的，傍晚是橙色的，根據時間不同會有萬象森羅的變化。特別是潮水大漲的大潮與夕陽重疊的瞬間更是觀景最好的時機，但一年當中卻只有幾天有此種氣象條件。有鑑於此，宇土市觀光物產協會的官方網站上刊登了退潮和日落時間表供遊客參考。

MAP

最佳季節　**2〜4月**

持續晴朗的天氣及夕陽時常落在海岸正面的這段時期最為推薦。建議事先確認退潮和日落的時間再前往喔。

旅行小要點

展望所內的高台處提供了 20 輛汽車停車位，然而一旦適逢晴天的退潮日，從一大早開始人潮就會十分洶湧。前往此地需通過狹窄的道路，務必顧慮當地居民的生活狀況，另外也推薦從沿著國道 57 號線的網田海岸公園眺望。

宮古的碧藍海面上
吸引目光的純白大道

伊良部大橋

● いらぶおおはし

沖繩縣／宮古島

👀 在宮古島湛藍色的大海中，蜿蜒出美麗曲線的伊良部大橋，大約十五分鐘就能完成跨海。

TRAVEL PLAN

137

享受被大海環繞的舒暢感 盡情奔馳海上

在被稱為「宮古藍」的蔚藍色大海上，蜿蜒延展出平緩曲線、是座全長 3540 公尺的橋。從 2006 年開始，歷經約 10 年的工程建設，完工後供民眾免費通行，更號稱日本第一長橋。在藍色的海上及青空之下，兜風徜徉在一路延伸至水平線上的雄偉景色中時，無窮盡的開闊感實在妙不可言。橋的中央位置設計了像是能讓船隻穿越般的抬高角度，建築的彎曲之美也是一大看點。若想同時眺望大橋與海景，推薦伊良部島側入口附近的「伊良部大橋 海之驛」，此處除了展望台之外，還有可以邊賞景、邊品嘗宮古島鄉土料理的餐廳。橋上禁止停車，務必留意。

MAP

1 透明度極高的伊良部島大海美景在沖繩境內堪稱首屈一指。島內也有海上活動的店家以及能眺望大海的咖啡店。2 伊良部島到處都是清澈淺灘，此處為渡口之濱，附近也有通往下地島的橋梁。3 面向著被青碧色覆蓋的島嶼，盡情享受往兩側蔓延的廣闊海洋絕景吧！

最佳季節　5～9月

天氣晴朗時，一年四季都能欣賞到大橋大海的絕倫美景，但若想要充分享受伊良部島的海上活動，建議於海水浴季節前往。

旅行小要點

這裡最推薦的絕景是宮古島的「日落海灘」(To River Sunset Beach)，此地作為夕陽勝景遠近馳名，隨著傍晚時刻到來，周圍的海域開始染紅，位於日落附近並與夕陽相互映照的橋樑剪影，超級賞心悅目。

138
大浪池
● おおなみのいけ

流傳著龍神傳說
神祕的火山口湖

鹿兒島縣／霧島市

晚秋時光，從擁有平緩山形的韓國岳直到火山口壁均被染成一片紅的大浪池。

結冰的冬天湖面，其藍色顯得更加鮮豔，宛如龍之眼。

TRAVEL
PLAN

138

 走在通往大浪池的登山道上，還能遠眺望霧島連山的美景，就連初訪者也能輕鬆登山。

如畫卷般的景色
壯闊的火山口湖

位於霧島錦江灣國立公園內的霧島山擁有一座周長約 2 公里左右的火山口湖，為約 4 萬年前發生的霧島山火山活動而形成的火山湖，也是日本最大面積的山頂火口湖。清澈的鈷藍色湖水將位於標高 1241 公尺的圓形湖池填得滿滿的，隨著寒來暑往為大地換上新裝，映照出周圍景色的樣貌就像是一面巨型鏡子。傳說住在湖池裡的龍王化身為期盼生養孩子的夫婦之女，以「浪」之名被養育成人，某天卻消失在池子裡，此座湖池因而成了「大浪之池」。1.5 小時左右可以繞完一圈的環池步道已整備完成。

MAP

🌿 **最佳季節** **10月下旬～11月中旬**

像是用顏料隨性潑灑的楓紅，其映在碧綠湖面上的秋天是最推薦拜訪的季節。日本冷杉和日本鐵杉原生林繁茂的登山道，一片楓葉海，漫步於此，備感心曠神怡。

🔍 **旅行小要點**

要到大浪池通常是由「蝦野 Skyline」的登山口前往。沿著修整好的步道攀行 40 分鐘左右就能看到大浪池的休息處，此刻，眼前是大浪池，正面則是巍峨的韓國岳。

139

長崎燈會

● 長崎ランタンフェスティバル

長崎縣／長崎市

用夢幻的光影慶祝
舊曆年節的風物詩

被飛龍、動物、歷史人物等的彩色造型燈籠裝飾著的夜晚。

一萬五千個燈籠
五光十色的繽紛裝置

始於 1987 年（昭和 62 年），是長崎新地中華街的人們為慶祝農曆春節而有的活動。現今已發展成為以市內的 7 個會場為據點舞臺，更是長崎代表性十足的冬季風物詩，聞名全國。以新地中華街為中心裝飾的各式燈籠（大紅燈籠等）約有一萬五千個，在夢幻般的光影中，並列著干支和七福神等的造型燈籠，而不知從哪兒傳來的中國風音樂更使得異國風情越發濃厚。每年都會調整活動內容，但值得一提的是 2019 年有三百個天燈飛向夜空的活動，閃耀著淡橙色的數百盞天燈更將浪漫氣氛推向最高潮。

MAP

1 2 造型各異的五彩絢爛燈籠，讓節日氣氛更為熱烈。3 慶祝農曆春節，有很多寫著「福」字的燈籠。4 橫跨著觀光名勝「眼鏡橋」的中島川也妝點了美不勝收的燈飾。

🌸 **最佳季節** **2月左右**

多於舊曆年春節期間的 1 月 1 日～ 15 日進行，不過確切的舉辦時間每年不同，建議事先於官網確認。到當地後，記得拿張會場地圖再出發遊賞喔。

🔍 **旅行小要點**

活動期間的下午 5 點，各會場的燈籠將會一齊點亮。另外還有華麗舞臺提供中國雜技團演出、燃放爆竹並敲鑼打鼓、街上遊行……等豐富多彩的活動，建議事先確認內容和舉辦日期。

140

THE RAIL KITCHIN CHIKUGO

● ザ・レール・キッチン・チクゴ

西日本鐵道

滿載筑後地區魅力馳騁的『廚房列車』

由設計師、工藝家、規劃師等各領域的專業人士參與打造之滿載筑後魅力的列車。此列車共由3節車廂組成，前後為用餐車廂，中心則是以烤窯為重點規劃的廚房車廂，共設置52個座位。用餐車廂以八女竹編織的天花板、城島瓦、大川傢俱等運用筑後工藝進行室內裝飾。在午間套餐和季節限定套餐中，可以品嘗到熱呼呼的窯烤披薩和使用在地當令食材製作的豐盛料理。飯後點心則由知名甜點店親製，也十分令人期待。

1 中央車廂為設置了披薩烤窯的廚房車廂。上座後能一邊享用正宗美味的披薩、一邊眺望風景。 2 3～5月的季節限定套餐以柳川的女兒節「SAGEMON」（さげもん）為主題發想。色彩繽紛且美麗的壽司主餐讓人感受到春天氣息。 3 以廚房抹布為意象設計而成的紅白格紋外觀。

運行區間&所需時間

福岡（天神）站→太宰府站（咖啡太宰府之旅約40分鐘）
福岡（天神）站→大牟田站（午餐筑後之旅約2小時20分鐘）
福岡（天神）站→福岡（天神）站（季節限定套餐約2小時10分鐘）
※3～5月的季節限定套餐以壽司為主。披薩不包含在菜單裡。

查詢窗口

西日本鐵路遊客中心 ☎ 0570-00-1010

日本的世界遺產

🏛…自然遺產　　🏛…文化遺產

2021年追加登錄了2處世界遺產，日本國內入選聯合國教科文組織的世界遺產為文化遺產20處、自然遺產5處，共計25處。期盼大眾能共同守護珍貴文化與自然的永續發展。

2021年新登錄

🏛 **北海道、東北北的繩文遺跡群**

文化遺產　北海道、青森縣、岩手縣、秋田縣

由能了解繩文時代人們生活和精神世界的17個「構成資產」組成。

繩文遺跡 ▶ P.172

🏛 **奄美大島、德之島、沖繩島北部及西表島**

自然遺產　鹿兒島縣、沖繩縣

與大陸分離結合所形成的島群，為島內珍貴稀有種或固有種的棲息地。

西表島 ▶ P.256
奄美大島的黑潮之林 ▶ P.274

明治工業革命遺址 製鐵、製鋼、造船、煤炭產業 P.295
山口縣、福岡縣、佐賀縣、長崎縣、熊本縣、鹿兒島縣、岩手縣、靜岡縣

長崎與天草地方 隱性基督徒相關遺產
長崎縣、熊本縣　P.295

「神宿之島」宗像・沖之島及相關遺產群
福岡縣　P.295

原爆圓頂館
廣島縣　P.295

149 **石見銀山遺跡及其文化景觀**
島根縣　P.295

142 **白川鄉與五箇山的合掌造聚落**
岐阜縣、富山縣　P.294

古都京都的文化財
京都府、滋賀縣　P.295

006 **知床**
北海道　P.28.295

143 **白神山地**
青森縣、秋田縣　P.294

平泉
岩手縣　P.295

145 **日光寺社**
栃木縣　P.294

富岡製絲廠和絲綢產業遺產群
群馬縣　P.295

勒・柯比意之建築作品
東京都　P.295

146 **小笠原諸島**
東京都　P.294
→🏛

144 **富士山** P.294
靜岡縣、山梨縣

法隆寺地域的佛教建築物
奈良縣　P.295

古都奈良的文化財
奈良縣　P.295

147 **姬路城**
兵庫縣　P.294

148 **紀伊山地的靈場與參拜道**
三重縣、奈良縣、和歌山縣　P.295

150 **琉球王國的城堡以及相關遺產群**
沖繩縣　P.295

嚴島神社
廣島縣　P.295

百舌鳥及古市古墳群
大阪府　P.295

141 **屋久島**
鹿兒島縣　P.293

141　屋久島

鹿兒島縣　　自然遺產〔1993年〕

漂浮在鹿兒島海面約60公里處的島嶼。雖然位於南方海域，但中央聳立著1936公尺的宮之浦岳，由於多雨高濕氣候等因素，擁有大面積樹齡1000年以上的屋久杉，並孕育了顯著的植物垂直分布和珍貴的生態系統。

142　白川鄉與五箇山的合掌造聚落

岐阜縣 / 富山縣　　　　　　　文化遺產〔1995年〕

飛驒地區至今仍保留了茅草葺的合掌構造村落。從江戶中期開始到明治時期陸續建造，通常於閣樓內從事硝石製造及養蠶業。由白川鄉的荻町村落、五箇山的相倉村落和菅沼村落組成。

143　白神山地

青森縣 / 秋田縣　　　　　　　自然遺產〔1993年〕

橫跨秋田縣與青森縣的白神山地，約1萬7000公頃的核心區域被登錄為世界遺產。此處遍布東亞最大的原始山毛櫸森林，生長著500種以上的多樣性植物。

144　富士山—信仰對象與藝術創作源泉—

靜岡縣 / 山梨縣　　　　　　　文化遺產〔2013年〕

日本第一高山之富士山，自古以來由於神社創造等而為山岳崇拜的對象及修驗道場，此等精神性更對藝術創作產生了很大的影響。山梨縣和靜岡縣內共計25件構成資產。

從御坂峠眺望富士山 ▶ P.118

145　日光寺社

栃木縣　　　　　　　　　　　文化遺產〔1999年〕

構成資產除了東照宮以外，還包括二荒山神社、輪王寺的9棟國寶在內的103棟建築物和遺跡。獨特的信仰、江戶時代「神佛習合」信仰的建築樣式、日光景觀等都獲得相當高的評價。

日光山輪王寺 ▶ P.96

146　小笠原諸島

東京都　　　　　　　　　　　自然遺產〔2011年〕

漂浮在距離東京約1000公里的太平洋上、由大大小小約30個島嶼所組成的群島。在未與陸地相連的海洋島嶼上，棲息著很多獨自進化的固有物種。其中只有父島和母島有定居者。

147　姬路城

兵庫縣　　　　　　　　　　　文化遺產〔1993年〕

雪白牆面以及如白鷺展翅的美麗外型讓其也被稱為「白鷺城」。外壁用「白灰漿」（白漆喰総塗籠造），防火、防彈功能也很出色。大天守則是於1609年（慶長14年）建造的。

148 紀伊山地的靈場與參拜道

和歌山縣 / 奈良縣 / 三重縣 　　　　　文化遺產〔2004年〕

海拔1500公尺左右的紀伊山地自6世紀佛教傳入以來，除了真言密教之外，還成為山岳修行的場所，形成了「吉野及大峰」、「熊野三山」、「高野山」3個靈場和連接這些靈場的參拜道。

149 石見銀山遺跡及其文化景觀

島根縣 　　　　　文化遺產〔2007年〕

16世紀開始進行開採，透過從鉛中提取銀的灰吹法技術擴增產量，成為了東西方交易的要地。構成遺產包括銀山遺址和礦山町、裝運港和港口町以及連接這些地方的街道。

150 琉球王國的城堡以及相關遺產群

沖繩縣 　　　　　文化遺產〔2000年〕

琉球王國時代，琉球王朝因與東南亞各國交易而繁榮發展，作為居城建設了雄偉的御城（グスク，Gusuku）。除了御城之外，由被稱為御嶽（神域）的拜所和庭園等共計9個資產構成。

知床

北海道　自然遺產〔2005年〕　　　　　P.28

可以了解知床半島的海陸生態系統以及生物多樣性。

平泉
―表示佛國土（淨土）的建築、庭園及考古學遺跡群―

岩手縣　文化遺產〔2011年〕

根據淨土思想建造的中尊寺和毛越寺庭園等。

富岡製絲廠和絲綢產業遺產群

群馬縣　文化遺產〔2014年〕

引進法國技術而成功大量生產絲綢的近代產業遺產。

勒・柯比意之建築作品
―對近代建築運動的顯著貢獻―

東京都　文化遺產〔2016年〕

共跨越7個國家的作品群，位於日本的構成資產是「國立西洋美術館」。

古都奈良的文化財

奈良縣　文化遺產〔1998年〕

構成資產為建造於奈良時代的東大寺大佛、興福寺、春日大社等。

法隆寺地域的佛教建築物

奈良縣　文化遺產〔1993年〕

法隆寺等世界最古老的木造建築以及至19世紀為止的佛教建築物等。

古都京都的文化財（京都市、宇治市、大津市）

京都府 / 滋賀縣　文化遺產〔1994年〕

由傳達歷史故事的京都府內的16個神社寺院、滋賀縣的比叡山延曆寺構成。

百舌鳥及古市古墳群

大阪府　文化遺產〔2019年〕

由與大阪灣相接的堺市、羽曳野市、藤井寺市的49座古墓群組成。

原爆圓頂館

廣島縣　文化遺產〔1996年〕

祈禱世界和平以及廢除核武的象徵，位於和平紀念公園內。

嚴島神社

廣島縣　文化遺產〔1996年〕

位於宮島的神社、佇立在海中的鳥居以及背景的彌山均為構成資產。

「神宿之島」宗像・沖之島及相關遺產群

福岡縣　文化遺產〔2017年〕

崇拜神聖之島的古代祭祀遺跡以及沖之島的遺跡、古墓群。

明治工業革命遺址
製鐵製鋼、造船、煤炭產業　　　　　文化遺產〔2015年〕

山口縣 / 福岡縣 / 佐賀縣 / 長崎縣 / 熊本縣 / 鹿兒島縣 / 岩手縣 / 靜岡縣

由煤礦坑、造船廠、鋼鐵廠、反射爐等共8縣11市的23處場址所組成。

長崎與天草地方隱性基督徒相關遺產

長崎縣 / 熊本縣　文化遺產〔2018年〕

以在禁教政策下繼續信仰的基督徒聚落為中心的遺產群。

區域地圖一覽表

從北海道到沖繩，收錄了全日本的都道府縣，共計150處絕景之地。
有朝一日定能親自拜訪的絕景就散布在日本各地，按圖索驥就能一
目了然。世界遺產的詳細地圖請參照P.293。

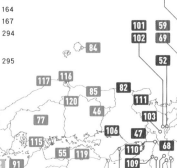

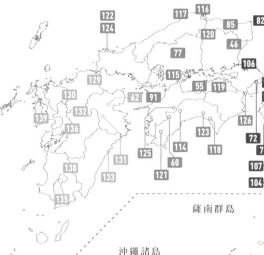

薩南群島

沖繩諸島

先島群島

🏛🏛 世界遺產請見 P.293

297

索引

各色各樣的100選

「100選」(百選)的概念是從自然景觀到藝術創作領域中，特別選出最為經典的。非常合適作為旅行的目的地。
以下則是本書所介紹並名列具代表性的「100選」名單中的景點。

索引

索引

期間限定的絕景景點

若欲拜訪期間限定的花卉景點並參加活動，
出發前務必確認舉辦時間，才不會白跑一趟。

日文版STAFF

編輯製作	Grupo Pico有限公司
執筆協助	五十嵐英之 森本勝哉 山崎佳奈子 小出梢 佐藤圭樹（有限會社ウィルダネス）
設計	bitter design 矢部あずさ
校對	本鄉明子
DTP	明昌堂
企畫	朝日新聞出版生活・文化編集部 白方美樹
照片協力	PIXTA photolibrary Grupo Pico有限公司 梶原憲之（@kaji_nori06） 石黑美樹 河野邦子 各市町村觀光課、觀光協会 各相關施設 弘前市 龍河洞みらい 吉野里歷史公園

新 日本超美絕景與祕境：150 處最令人驚奇、最具心靈療癒能量
的日本絕景與祕境，現在就想立刻出發！/ 朝日新聞出版編著；
王韻絜譯 .-- 初版 .-- 臺中市：晨星出版有限公司 , 2023.03
面；　公分 . --（勁草生活；531）

ISBN 978-626-320-363-1（平裝）

1.CST: 旅遊 2.CST: 日本

731.9　　　　　　　　　　　　　　　　　　　　111022226

勁草生活 531

新 日本超美絕景與祕境

150 處最令人驚奇、最具心靈療癒能量的日本絕景與祕境，現在就想立刻出發！
新 日本の絶景 & 秘境 150

編　　著	朝日新聞出版
翻　　譯	王韻絜
責任編輯	編走編唱工作室
校　　對	編走編唱工作室
封面設計	季曉彤
內頁排版	陳柔含
創 辦 人	陳銘民
發 行 所	晨星出版有限公司

台中市 407 工業區 30 路 1 號
TEL：(04)23595820 FAX：(04)23550581
http://star.morningstar.com.tw
行政院新聞局版版台業字第 2500 號

法律顧問	陳思成　律師
初　　版	西元 2023 年 03 月 15 日 初版 1 刷
再　　版	西元 2023 年 08 月 15 日 初版 2 刷

讀者服務專線 | (02) 23672044 / (04) 23595819#212
讀者傳真專線 | (02) 23635741 / (04) 23595493
讀者專用信箱 | service @morningstar.com.tw
網路書店 | http://www.morningstar.com.tw
郵政劃撥 | 15060393（知己圖書股份有限公司）
印　　刷 | 上好印刷股份有限公司
定　　價 | 新台幣 450 元
I S B N | 978-626-320-363-1